KB252919

이호철 소설에 나타난 세계의식

길경숙 지음

이호철 소설에 나타난 세계의식

지은이 길경숙
인쇄일 초판1쇄 2008년 02월 01일
발행일 초판1쇄 2008년 02월 11일
등록일 2006. 11. 2 제324-2006-0041호
발행처 국학자료원

총무 한미애, 박지연
영업 정구형
편집 이초희, 박지혜, 김나경, 심근영
물류 김종효, 김혜선

서울시 강동구 성내동 447-11 현영빌딩 2층
Tel 442-4623~4 **Fax** 442-4625
www.kookhak.co.kr
kookhak2001@hanmail.net
ISBN 978-89-6137-315-9 *93080
가격 20,000원

저자와의 협의하에 인지는 생략합니다.

이호철 소설에 나타난 세계의식

길경숙 지음

국학자료원

차례

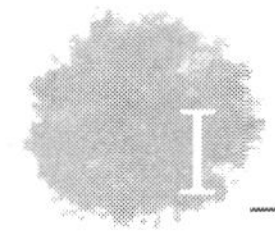

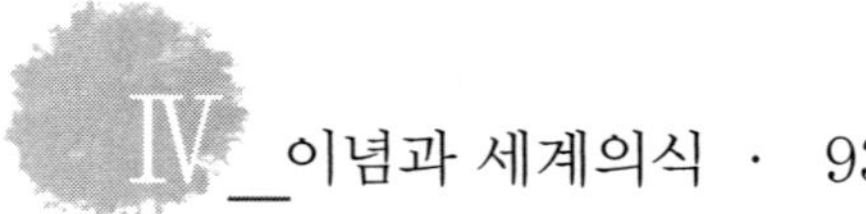

IV__이념과 세계의식 · 93

I 서론

문제제기 및 연구 방법

근대사회의 출현은 인간이성을 통한 보다 나은 사회를 만들 수 있다는 희망과 믿음을 가능하게 했다. 사회조직의 합리화, 과학기술의 발전, 생산력의 증대 등을 통해서 보다 나은 사회를 위한 물적 토대를 만들 것이라고 보았고 결국 이것은 보다 나은 사회를 가능할 것이라고 낙관적인 전망을 가지고 있었다. 이와 같은 근대사회에 대한 낙관적 전망은 산업혁명과 경제적 관계의 자본주의적 재편과 맞물려 자본주의와 결합하는 모습을 보여주었다. 이런 양상은 일반적으로 서구에서 근대사회의 형성을 자본주의의 형성과 밀접한 연관 속에서 받아들여질 수 있는 가능성을 열어 놓았다.

그러므로 근대적 특성이 자본주의와 결합함으로써 인간사회의 진보에 대한 믿음과 같은 근대적 가치는 산업화, 자본축적의 확대재생산, 그리고 경제적 발전과 같은 소위 근대화의 문제로 변화되었다. 즉, 인간의 자유에 대한 문제는 자본의 자유와 생산수단으로부터 노동자의 자유(배제)로, 인간의 평등의 문제는 시장에서의 판매자와 구매자라는 상품의 등가교환의 문제로, 사회계몽에 대한 문제는 훈육의 문제로,

사회발전의 문제는 경제적 성장-자본축적의 문제-으로 치환되어 버렸다. 그러므로 근대적 발전이란 것은 각 사회의 경제적 부분에서의 자본주의화 그리고 이를 보장하기 위한 법적, 정치적 제도를 확립하는 문제, 근대화의 문제로 변질 또는 변화되었다.[1] 이와 같이 자본주의는 과학기술과 생산력을 비약적으로 발전시켰지만 자본의 본원적 축적과정에서 계급대립의 심화나 사회적 불평등의 심화와 같은 폐해를 노정하고 있었다. 따라서 자본주의 체제는 인간과 사회, 문화, 이념적 가치를 물질적, 욕망적 가치로 변질시키며 부정적인 면을 보여주게 되었다.

근대 사회에 대한 문제보단 정확하게는 근대화의 문제가 세계적 차원으로 확산된 것은 2차 세계대전 이후 식민지국가들이 독립하게 되면서라고 할 수 있다. 즉, 제2차 세계대전이전까지는 제국주의열강을 제외한 세계의 대부분의 지역에서는 독자적인 근대적 발전-자본주의적 발전-이 식민지적 조건에 의해서 원천적으로 봉쇄되어 있었다. 그러던 것이 제2차 세계대전 이후 이들 식민들이 독립을 쟁취하게 되면서 독자적인 근대적 발전을 모색할 수 있는 조건이 형성되었다. 이때 이들 국가들에게 있어서 사회발전이라는 것은 근대화 또는 산업화라는 말로 집약적으로 표현될 수 있는 것이었다. 이 때의 관건은 선진자본주의의 국가를 모델로 하여 이들 국가의 생산력을 따라잡는 것이었다. 그러므로 인간의 해방, 자유, 인권 등의 근대적 가치에 대한 논의가 들어설 자리는 없다. 이것은 박정희 군사정권의 경제발전을 통한 조국근대화의 논리속에서도 그대로 나타난다. 5·16쿠데타 직후부터 유신말기까지 수많은 조치를 발동해서 노동자들의 권리를 제약했다는 것은

---

1) 홍영용, 〈모더니티, 자본주의 그리고 사회주의〉, 서강대 석사, 2002, 12, 7~10면.

쉽게 확인할 수 있다.[2]

　자본주의적 근대가 가지고 있는 폐단에 대한 강력한 비판으로서 사회주의 사상이 생시몽(Saint-Simon)등에 의해서 자본주의 출현 초기부터 제기되었다. 자본주의적 근대에 대한 비판을 의미하는 사회주의 사상은 자본주의적 근대와의 단절을 의미했는데 이것은 근대와 단절을 의미하는 것이 아니라 근대와 결합한 자본주의에 대한 비판으로 읽어야 할 것이다. 여기서 사회주의를 근대의 일부로 볼 수 있는가에 의견이 없는 것은 아니지만 기본적으로 사회주의 사상은 근대적 가치에 대한 옹호를 전제로 하여 모더니티의 자기비판의 의미를 가지고 있는 것으로 보는 것이 적절할 것이다. 왜냐하면, 사회적 평등에 대한 요구와 진보에 대한 믿음, 이성에 대한 신뢰, 사회의 합리적 조직 등의 근대적 과제는 여전히 사회주의사상에서도 유효한 것으로 남아 있을 뿐 아니라 경제적 평등에 대한 요구, 형식적 평등이 아니라 실질적 평등에 대한 요구 등 사회주의에서 보다 중요한 화두로 제기되었다.[3]

　1960년대로부터 1980년대에 이르는 한국 사회는 서구의 근대화가 폭력적으로 개입함에 따라 정치적으로나 경제적으로나 급격한 변화의 장에 놓여 있었다. 이 시기 급격한 변화는 대체로 '진보'와 동일시되었으나, 변화에 따른 이 점과 폐해의 양상을 재조명해볼 때, 그 변화를 단순히 '진보'의 관점으로 응시하기는 힘들 것 같다. 특히 서구 자본주의의 침투에 따른 급속한 물질적·양적 팽창이 양산해내는 부정적 에너지를 고려한다면, 그 막강한 자장 안에서 개인들이 겪는 일상들은

---

2) 앞의 책, "5·16 정변 후 군사정권은 계엄포고 제5호로 '경제질서 회복에 관한 특별성명서'를 발포하고(1961. 5.19) 모든 노동쟁의를 일체 금지시켰고, 박정희 정권은 국가비상사태를 선포하고(1971) '국가봉위에 관한 특별조치법'을 공포하여 헌법에 보장된 노동3권 중 단결권을 제외한 단체교섭권과 단체행동권을 크게 제한한다.
3) 홍영용, 앞의 책, 11~12면.

합리를 가장한 불합리의 사회를 향한 투쟁의 연속이라 할 수 있다. 급속한 물질적·양적 팽창과 함께 나타나는 극심화 인간소외·물화·궁핍화 현상은 자본주의적 근대가 안게 되는 필연적인 소산이다. 특히 한국 사회에서 자본주의적 근대화가 급격하게 진행되기 시작한 1960년대 작가들에게 이러한 변화는 급변하는 정치적 상황과 맞물려 불화와 균열을 경험하게 했다. 부정적 현실에 대한 비판적 인식과 성찰은 이 시기 작가들이 안고 있는 하나의 공통분모라 할 수 있다.[4]

아도르노(Th.W.Adorno)는 이러한 물화현상을, 현대 사회의 과도한 사회화의 개인의 몰락이라는 관점에서 설명한다. 그에 따르면 현대 사회는 기본적으로 철저하게 '사회화된 사회'이며, 관리의 원칙이 지배하는 '관리되는 사회'이다. 다시 말해, 아도르노에게 있어 현대 산업 사회는 부자유가 영속화된 사회, 가속적으로 비인간화되고 야만화되는 사회, 따라서 근본적으로 변해야 하는 세계로 파악되며, 이를 '관리되는 사회'라는 표현으로 압축했던 것이다. 그리고 그 본질적 속성은 고도의 합리적 수단을 이용한 비합리적 지배 관계이다.[5]

여기서 문제시 되는 것은 바로 이 사회화된 사회가 교환의 원칙이 관철된 사회라는 점이다. 관리되는 사회는 도구적 합리성과 교환가치라는 사회체계의 모순이 인간관계를 총체적으로 지배하는 사회, 생존을 위해서는 어쩔 수 없이 받아들여야 하는 억압적인 기능 연관의 사회이다. 교환가치의 보편적 지배로 인해 주체는 물화과정 속에서 단순한 객체로 전락하고 만다. 자본주의적 착취의 형태는 인간을 상품교환의 중개인으로 축소시킴으로써 인간의 인간에 대한 지배로 이어지는 것이다. 교환가치가 보편화되는 상품사회에서는 인간이나 사물의 고유

---

4) 이기성, 〈1960년대 시와 근대적 주체의 두 양상—김수영, 신동엽 시를 중심으로〉, 《1960년대 문학연구》, 깊은샘, 1998, 143면.
5) 김유동, 《아도르노 사상》, 문예출판사, 1993, 84~90면.

한 질적 가치를 박탈당하게 되는 물화 현상이 일어나게 된다. 다시 말해서 상품의 교환가치만이 존재하는 자본주의 사회에서는 인간의 노동력 혹은 다른 능력까지도 포함하여 모든 것이 매매의 대상이 되어 물적인 상품으로서의 성격을 소유하게 되며, 심지어 인간과 인간 간의 관계조차도 물(物)과 물(物)의 관계로 변질되는 것이다.

따라서, 산업 자본주의 사회가 가지고 있는 핵심문제로서의 어두운 측면은 무엇보다도 이 사회가 그 바탕을 생산물의 사용가치가 아닌 교환가치에 두는 교환중심의 사회라는 데 있다고 하겠다. 널리 알려진 바와 같이 마르크스(Karl Marx)는 교환가치에서 개인간의 사회관계는 물질적 사물의 사회적 연관으로 변형되고 인격적인 힘을 물질적인 힘으로 변모되어 버렸다고 생각한다.[6]

이런 의미에서 자본주의 사회에서 나타나는 물신화는 곧 상품 혹은 화폐가 신의 영역으로 들어갔음을 의미하는 것이기도 하다. 인간관계의 한 측면을 매개하는 상품과 화폐가 숭배의 대상으로 신격화되면서 인간이 그것들에 예속되고, 따라서 상품과 화폐는 인간을 지배하는 실질적인 힘을 획득하게 되는 것이다. 자본주의 사회에서 상품은 인간에게 끊임없이 소비환상 내지 소비욕망을 불러일으키고, 더 이상 인간이 주체가 되어 상품을 선택하는 것이 아니라 상품이 인간을 선택하게 되는 주객전도의 상황이 되었다. 따라서 물신화된 사회에서 물신화되어 가는 주체에 대한 반성 자체에 의미를 부여할 수 있으며, 그러한 물신화된 사회와 싸우는 공간에 주목하게 되는 것이다.[7]

물신화된 세계 속에서 인간 주체는 능동적인 주체성을 가지기보다는 기계문명 앞에서 왜소해진 자신의 모습을 발견하곤 한다. 자신이

---

6) David Mclellan, 신우현 역, 《칼 마르크스의 思想》, 민음사, 1982, 170~211면.
7) 조혜진, 〈한국 현대시의 자본주의 물신성 표출 양상 연구〉, 건국대 석사, 2005, 12, 1~4면 참조.

사회의 한 부속품으로 전락하거나 탈주체화 혹은 분열되는 세계를 체험하는 것이다. 물질적 가치가 정신적 가치 위에 군림하는 현실 속에서, 개별 주체들은 정신이 본래의 속성을 벗어나 물화되는 것을 경험하게 된다.[8]

그런데 화폐화 될 수 없는 모든 것을 점차 제거하고 축소하여 부정하는 이 화폐화된 자본이 지배하는 세계에서, 주체는 어떤 방식으로든 대응하게 마련이다. 모든 이질적인 것을 동질화하고 다양한 것을 단일화·획일화하는, 다시 말해 '동일성'을 요구하는 근대 자본주의 사회에서 주체는 저항적인 태도를 보이기도 하고, 물신에 경도된 스스로를 반성하기도 하고, 자신도 모르는 사이에 예속되기도 한다. 그러나 각각의 주체가 대응하는 방식은 다를지라도, 물신화된 현실이 이들 주체에게 있어 부정적 인식의 대상이라는 점은 근본적으로 같다. 그런 까닭에 맹목적 추종이 아닌 비판적 성찰의 계기가 마련되는 것이다.[9]

문학은 그것을 탄생시키고 생명을 유지하게 하는 사회를 다각적인 체계로 파악하고 있다. 따라서 시대나 사회에 따라 문학의 변화가 가능하다면 그 변화의 의미를 통해 사회의 수용 조건을 추출할 수 있다.

이호철 소설은 60년대 근대사회의 자본주의적 병폐와 실상이 구체적으로 나타나 있다. 이호철 소설에 나타난 작가의식은 한국 사회가 당면한 사회적, 정치적 변화에 따라 변화된다. 사회적, 정치적 변화는 근본적으로 자본주의적 사회로 진화하고 변화되는 과정과 깊은 연관성을 지니기 때문이다. 개인보다 사회화의 국면을 강조하며 지나치며 산업화, 근대화를 부르짖던 근대사회는 자본주의적 폐해와 습성을 그

---

8) '정신'의 진정한 속성은 물화에 대한 부정이다. '정신'이 문화 상품으로 고정되고 소비를 위한 목적으로 팔아넘겨질 때, '정신'은 소멸할 수밖에 없다. 김유동 옮김, 《계몽의 변증법》, 문학과 지성사, 2001, 16~17면.
9) 조혜진, 앞의 책, 4면.

대로 드러내고 답습함에 따라 개인이 안게 되는 현실사회의 모습은 모
순 되고 이지러진 형태로 나타난다.

지금까지 이호철[10] 작품연구는 크게 세 방향에서 접근되었다.

첫째는 월남 실향민이라는 작가의 체험을 그거로 그의 작품을 분단
의식과 실향민의식으로 분석하는 일반적인 접근방법이고[11] 두 번째로
는 작가의식에 초점을 맞추어 소시민의 정체성을 탐구하는 연구방법
이다.[12] 60년대 이호철의 작품은 소시민을 통해 억압된 사회 분위기와
파행적 근대화의 모순을 담고 있는데, 이 접근방법은 대개가 그의 작
품에 나타난 소시민의 윤리적 가치관을 토대로 작가의 소시민의식을
분석하는 데 초점을 맞추고 있다. 마지막으로는 미학적 접근방법으로
작가의 서술방식과 소설의 내면 공간 연구방법으로 이호철의 작품세
계를 분석하고 있다.[13]

이호철 문학은 전쟁으로 인한 분단과 고향상실의 체험[14]에서 비롯된

---

10) 이호철은 1955년 《문학예술》지에〈탈향〉을 발표하여 문단에 등단했다.
11) 권영민, 〈고통스런 자기변혁의 과정〉, 《한국현대 작가 연구》, 문학사상사, 1991.
　　구중서, 〈야성적 낭만과 통일론〉, 《1960년대 문학연구》, 예하, 1993.
　　김원철, 〈이호철 소설의 변모과정 연구〉, 서울대 석사, 1998.
　　김병걸, 〈현실을 보는 세 개의 시선〉, 《창작과 비평사》, 1976, 9.
　　박철우, 〈이호철 소설연구-분단상황을 제재로 한 작품중심〉, 중앙대 석사, 1989.
　　윤성원, 〈이호철 소설의 분단의식 연구〉, 성신여대 석사, 1994.
　　서선재, 〈이호철 소설의 귀향의식 연구〉, 성신여대 석사, 1997.
　　정명환, 〈실향민의 문학〉, 《창작과 비평사》, 1967, 여름.
　　정현중, 〈이호철 소설의 귀향의식 연구〉, 건국대 석사, 1999.
12) 장연자, 〈이호철 소설의 소시민의식 연구〉, 중앙대 석사, 1999.
　　이보영, 〈소시민적인 일상과 증언의 문학〉, 《현대문학》, 1980, 8.
　　정창범, 〈소시민의 한국적 의미〉, 《세대》, 1965, 11.
　　최원식, 〈1960년대의 세태소설〉, 청계연구소, 1991.
　　이상갑, 〈60년대 문학과 소시민의식의 의미〉, 《국어국문학 논총》, 문향사, 권영민,
　　〈고통스런 자기변혁의 과정〉, 《한국현대 작가 연구》, 문학사상사, 1991. 1996.
13) 권영민, 〈고통스런 자기변혁의 과정〉, 《한국현대 작가 연구》, 문학사상사, 1991.
14) 이호철은 1932년 함경남도 원산에서 출생하여, 1945년 원산공립중학에 입학하던
　　해에 해방을 맞이하였다. 이후 5년가 북한체제에서 생활하다가 1950년 전쟁이 발

다. 고향이란 모든 인간에게 있어 자기가 태어난 지역이라는 단순한 사전적 의미 이상을 지닌다. 즉 고향은 인간에게 항상 따뜻하고 편안한 곳으로, 언젠가는 돌아가야 할 유토피아의 세계로 각인되어 있다. 따라서 이호철 문학에서 고향의식은 세계를 바라보는 기준이 되고 준거의 기틀로 자리잡게 된다.[15]

이호철에게 고향이란 순수한 기억 혹은 아우라(aura)를 환기하는 원체험과도 같은 것인데, 그것은 이호철에게 있어서 고향이란 현실의 불완전성·필요성·모순성 등에 의해 구성된 일종의 '부재하는 본질'과도 같은 것으로 내면화[16]되어 있다.

그러나 그의 고향의식이 고향상실과 부정, 고향의식의 회복[17]이라는 관점에서 크게 3시기로 나누어지는 것처럼 현실사회에서 실향민으로서 뿌리 내리는 어려움은 그의 의식에도 많은 변화를 가져온다.

그러므로 그의 고향의식의 변모는 단순히 고향을 잃은 것에 대한 향수에 그치는 것이 아니라 남한 사회의 체제에 대한 관찰과, 비판, 적

발하자 인민군으로 동원되었다. 이후 울진에서 9·26을 기해 북상하는 국군선발부대와의 교전중에 중대에서 이탈하였고, 며칠 후 양양에서 포로가 되었다. 흡곡에서 누이남편 자형을 만나 헌병의 허가로 풀려나 그해 12월초에 단신으로 LST를 타고 월남하여 부산항에 닿았다.

15) 《소시민》에서 작중 화자를 비롯한 여러 인물이 수시로 고향에 대한 그리움에 빠져드는데, 이런 모습은 〈탈향〉이래 이호철 소설의 중요한 특성이 되고 있다. 〈탈향〉의 주인공처럼 초기 소설의 인물들은 대부분 현실에 안주하지 못하고 겉돌며, "그쪽(북한에 두고 온 고향-필자)의 이십 년이 그 무슨 원천을 이루고 있다"는 생각 속에서, "그 원천의 조명을 받으며 오늘을 살아가는" "무언지 부박하고 얄삽한 느낌에 젖어 있는데", 그것이 《소시민》에서는 화자의 짙은 허무의식으로 나타나는 것이다. 그런데 주목할 점은 이러한 상실감과 허무의식의 이면에는 삶의 목적과 의미를 밝혀 주는 본질적인 어떤 것, 즉 진리에 대한 욕망이 내재되어 있다는 점이다.〈전후 사회의 재편과 근대화의 명암〉,《현대소설사의 근대성과 아포리아》,강진호, 소명출판, 176면.

16) T.W 아도르노, 홍승용 역, 《미학이론》, 문학과 지성사, 1984.

17) 강인숙, 〈이호철 소설 연구-고향의식의 변모양상을 중심으로〉, 경희대 석사 논문, 2002, 8.

응, 지향의 방향으로 변모를 이루며 진정한 이상적 의미의 고향 찾기로 수렴되는 것이다. 따라서 그의 소설에는 남한 현실에 대한 비판과 대립되는 의식, 세태에 대한 날카로운 풍자[18]를 보여줌으로써, 작가의 의식의 지향점을 알 수 있는 소설의 결말부분에서 부정적 결말의식을 보여주고 소설 전반에 걸쳐 인물의 모습과 서사양식에서 부정적 의식으로 일관한다. 이와 같은 비판적, 부정적인 세계의식은 남한 사회에 점차 자리 잡고 있는 자본주의적 체제와 속성에 대한 거부에서 그 근원적인 의미를 규명할 수 있다. 6·25 전쟁을 경험한 후 남한사회는 근대화, 산업화를 이루어내며 자본주의적 체제와 정신, 윤리로 점철되면서 경제적인 면에서는 커다란 성장을 가져왔지만, 개인적, 사회적 윤리와 의식면에서는 부정적 면을 조장하고 팽창시켰다.[19] 따라서 그의 소설은 그가 지니고 있는 사회의식을 사회체제와 연관시켜 논의할 때 작가가 근본적으로 지향하는 세계를 추리할 수 있다.[20]

또한 그의 소설에 등장하는 인물들은 관념적인 조작이 아닌, 구체적인 현실 속에 놓여 있는 인물이라는 점에서 문학 사회학적인 관점에서

---

18) 1967년에 발표된 정명환의 글(〈실향민의 문학〉, 《창작과 비평》, 1967년 여름호)을 시작으로 해서 최근의 구모룡의 글(〈비대한 풍속, 왜소한 이념-이호철의 소시민론〉, 《작가연구》, 2000,9)에서까지 이호철 문학을 평가하는 주된 방식이다.
19) 실제로 초기 자본주의 경제의 발전은 경제 주체들의 이기적 합리성과 윤리적 합리성의 적절한 조화에 의해 가능했었다. 그러나 19세기 말 이후 보다 비약적인 자본주의적 생산력 발전은 윤리적 행위동기를 약화시키고 오직 이기적 합리성만을 경제행위 동기의 전부인 것 같은 인식을 가져오고, 시장의 실패를 가져왔다. 즉, 욕망의 극대화가 나머지 경제행위 동기를 압도하게 되면서 음모와 담합, 사기, 과시 등이 보다 적극적으로 경제행위 동기로 포함되기 시작한 것이다. 김옥중,〈자본주의 경제윤리와 분배적 정의에 관한 연구〉, 단국대 경제학과 석사, 2005, 2면.
20) 이호철 문학의 사회성, 역사성의 확대 과정은 인정되면서도 그의 문학이 소시민성, 실향 의식에 연관지어 현실에 대한 적극적인 의지를 결여하고 있는 한계는 비판받고 있다. 이러한 평가는 이호철 문학이 견고하고 온건한 사실주의 문학이긴 하지만 치열한 가치 의식에 의해 끊임없이 시련 받으며 성장하지 못하므로 무기력한 시정 묘사 내지 정숙주의로 기울어질 염려가 있다는 지적과 도 통한다. 김흥규,

논의할 필요가 있다.[21] 그가 문학 생활을 시작한 1950년대는 한국전쟁의 상흔으로 시작된다. 이 무렵 한국 사회는 휴전을 거치면서 전후현실의 암담한 상황에서 어느 정도 벗어나 수습단계로 접어드는데,〈탈향〉은 전후문학의 패배감과 무기력에서 벗어나 현실과 정면에서 맞서려는 의지를 보여준다는 점에서 전후문학의 대표적인 작품으로 알려져 있다. 또한 한국소설이 객관 현실의 구체적 탐구로 나아가기 시작했음을 알리는 문학사적 의미도 지니고 있다는 평가를 받는다. 전후문학이 관념적인 주제의식으로 대상에 대한 구체성을 보여주지 못하고 있는 데 비해 〈탈향〉은 작가가 50년대 후반에 발표한 다른 작품과 마찬가지로 피해의식과 서사적 자아 위축 등, 전후소설의 한계를 극명하게 드러낸다. 등장인물들의 감정과잉은 작가의식의 폐쇄성을 보여주며, 전후소설의 일반적 경향인 서사구조의 취약성도 극복하지 못하고 있다. 이것은 작가가 자기 체험적 영역에서 벗어나지 못한 데서 비롯된 문제인데, 특히 월남자라는 작가의 개인적 체험은 실향민의식과 연관되어 등장인물들이 감상적 태도를 취하게 하는 요인으로 작용한다.

4 · 19혁명 이후, 이호철은 자신의 한계를 극복하기 위해 한 차례의 자기 변모를 시도한다. 4 · 19혁명이 각성시킨 민족의식을 통해 실향민이라는 개인의식을 벗어나 민족현실에 대해 관심을 갖게 된 것이다. 또한 사회문제에도 깊은 관심을 가지는데, 5 · 16쿠데카의 안보정책에 따라 경직된 사회 분위기와 개발독재로 인한 파행적인 근대화의 모순을 그린 소설 등을 발표한다. 60년대 후반, 그는 민족이나 사회문제가 아닌 인간성의 탐구로 관심의 표적은 바꾼다. 이러한 일련의 변화 과정은 그의 작가의식이 당대의 정치 · 사회적인 변화와 맥락을 같이하

〈일상과 역사〉,《세계의 문학》, 민음사, 1976, 가을, 247면.
21) 김정남, 〈이호철 소설 연구〉, 한양대 석사, 1997.12.

고 있음을 짐작케 한다.[22]

　따라서 이호철 문학에 나타난 사회의식은 자본주의 사회가 노정하는 근본적인 폐해에 대한 부정적 인식이며 비판에 다름 아니다. 그의 작가의식이 사회적 체제와 자본주의적 체제에 대한 근본적인 질문과 문제인식으로 귀착되어가고 있다는 점에서 그의 소설은 자본주의적 속성과 연관시켜 논의할 필연성이 제공된다. 자본주의적 속성과 연관시켜 논의할 수 있는 주제는, 사회적, 문화적, 제도적 현상 외에도 인간관계와 사랑의식, 고향에 대한 새로운 이상향적인 의미를 들 수 있고, 그의 소설 전반에 나타난 소시민 의식을 규명함을 통해서 이해할 수 있다. 이와 같은 인간의식과 사회의식에 대한 논의는 그가 지향하는 사회적 관계와 세계의식을 고찰하는 데 도움을 줄 수 있다.

---

22) 4·19혁명 이후 최인훈의 《광장》과 이호철의 〈판문점〉이 선구적으로 분단문제를 다루었다는 평가가 말해주듯, 그는 〈판문점〉을 통해 자기 체험적 글쓰기에서 벗어나 분단현실이라는 민족문제로 한 걸음 나아갔다. 한편 사회문제에도 관심을 가지는데, 5·16쿠데타의 안보정책에 따라 경직된 사회 분위기를 그린 〈부시장 부임지로 안 가다〉와 개발독재로 인한 파행적 근대화의 모순을 그린〈자유만복〉은 그의 관심을 엿볼 수 있는 대표적인 작품이다. 60년대 후반, 그는 〈큰 산〉에서 소시민의 이기적 배타성을 반성하고 인간성의 탐구를 통해 그 대안을 모색하며, 한걸음 나아가 《심천도》에서는 새로운 인간형을 창조, 관료주의와 맞서는 긍정적 인간형을 제시한다. 장연자, 앞의 책, 8~9면참조.

Ⅱ 자본주의와 타락한 인간관계

1. 타락한 사랑의식

이호철 소설의 인물들은 세태를 풍자하는 군상으로 개성적인 인물과 심심파적인 인물들이 많이 등장한다.[1] 그러나 인물들의 관계는 자연적, 인격적이지 못하고 성과 돈이라는 매개물을 중심으로 도구적, 억압적 관계를 형성하면서 사회적 모순을 드러내고 살아가는 인물들의 내면적인 심상을 드러낸다. 이는 자본주의적 도구적 합리성이 인물들의 내면과 관계 속에 침투하여 비인격화된 속성들을 드러낸 것이라고 볼 수 있다. 그러나 작가는 성과 돈을 위시로 한 억압적 관계 속에서도 인간애를 드러내며, 인간의 관계와 보편적인 특성 등을 놓지 않고 끊임없이 탐구하는 모습을 보여준다.

"서울은 만원이다"[2]는 서린동 뒷골목에서 방 한 칸을 세 들어 사는 길녀가 예닐곱 명의 남성과 성매매를 하는 이야기다. 길녀를 찾아오는

---

1) 《서울은 만원이다 · 보고드리옵니다》에 등장하는 인물들 가운데 풍자의 대상에서 제외되는 경우는 없다. 정도와 감흥의 차이는 있을망정, 서술자는 그들과 거리를 유지하면서 동정과 비판을 섞는다. 권택영,《서울은 만원이다 · 보고드리옵니다》작품 해설, 한국문학 대표작선집 18, 문학사상사, 1994, 15면.

2) 이호철,《서울은 만원이다 · 보고드리옵니다》, 한국문학 대표작선집 18, 문학사상사, 1994.

남성들은 길녀가 좋아하는 남동표, 길녀가 통영에서 올라온 지 3년쯤
됐을 때 직업적인 창녀로 전락하기 전, 길녀의 순정을 빼앗아 죄책감
에서 벗어나지 못하고 길녀와 결혼하려고 하는 기상현, 길녀의 성매매
단골손님이었다가 병원에서 동료의사와 번갈아 가며 길녀를 갖는 행
태를 보여주는 비뇨기과 의사, 길녀를 후처로 드린 서린도 영감 등이
등장한다. 이들 남성은 모두 길녀와 성적 관계를 가지면서 길녀와의
관계를 돈으로 사고 유지한다.
　길녀의 직업이 성매매를 하는 것이기 때문에 이들의 관계는 돈과 성
에 의해 유지된다.
　그러나 인물들의 관계는 돈으로 거래되는 부정적인 측면을 지니고
있지만 인물들의 익살스런 성격과 행동이 부각되면서, 이러한 관계는
아주 일상적이고 자연스러운 형태로 그려진다.
　인물들의 관계는 인물들의 배신했다가 금방 풀어진다. 남동표가 기
상현의 돈을 훔쳐가듯 길녀가 비뇨기과 의사의 20만원을 훔쳐 달아나
는 등의 일련의 사건들이 단순하면서도 심각하지 않게 그려짐으로써
부정적인 관계보다는 이들 사이에 놓여있는 가늘지만 끊어지지 않는
인간적인 면모가 드러난다. 이는 작가가 지니고 있는 인간애가 깊이
담겨 있기에 가능한 것이다. 따라서 길녀와 인물들의 관계에서, 성적,
도구적, 억압적 관계가 어떠한 방식으로 나타나고 이것이 어떤 인간적
인 면모를 지니고 있는지 발견하게 될 때 궁극적으로 작가가 지향하는
관계성의 의미를 발견할 수 있다.

1) 무책임한 사랑과 배반 : 남동표

　길녀는 성매매를 직업으로 하면서도 손님 중에 남동표라는 허풍과

사기성이 농후한 인물을 좋아한다. 남동표는 대머리가 벗겨지고 약간 퉁퉁한 인물로 능력을 갖추거나 돈이 있는 인물도 아니다. 길녀와 남동표의 관계는 돈으로 거래되고 유지되는 관계이다.

> 남동표는 처음에는 삼천 원도 가져오고, 이천 원도 가져오고, 천원으로 시계를 두어 번 잡히고, 그 다음엔 안경을 잡히고(시계는 기어이 전당포로 들어갔거나 팔아 치웠나 보았다), 그 다음엔 오백 원도 들어오고, 삼백 원, 이백 원까지 내려가더니만, 석 달쯤 지나서는 국화빵 나부랭이 진빵 나부랭이로 하락을 하고, 그 다음부터 빈손이다. 그리고 어느새 이편에서도 그게 익숙해져 있었다. 요즘음 세상에 돈이란 있다가도 없고 없다가도 있는 것, 이자에게도 세상 논리대로 형편 펼 날이 있으려니 했으나, 보아하니 날이 갈수록 싹이 글렀다.[3]

위와같이 남동표가 돈이 없어도 길녀를 찾고 길녀가 그런 남동표를 받아주는 것은 이들의 관계가 이미 성과 돈을 매개로한 억압적, 도구적 관계의 의미를 벗어나 사랑하는 관계로 변화되었음을 뜻한다. 길녀가 남동표에게 끌리는 이유는 그가 지니고 있는 인간적인 면모때문이다.

> 남동표는 순전히 이런 멋으로 십여 년을 살아왔다. 체모 하나가 밑천이고 입놀림 하나가 밑천이었다. … 사실 남동표를 익히 아는 사람에게 남동표의 사람됨을 물어 보면 대개는 필경 씨익 웃기나 할 것이다. 그러고는, 「사람이 좀 부실해서 그렇지, 사람은 좋은 사람이지요. 헌데」
> 그 다음의 얘기는 들으나마나였다. 그 사람이 남동표에게 어떻게

---

3) 위의 책, 35~36면.

당했으며, 피해를 입었다는 애기나 할 것이니까 … 남동표에게 피해
를 입었다는 사람들도 정작 자기가 입을 피해를 털어놓자고 보면 열
이면 열 쑥스러워지기나 할 것이다.

　　누가 돈 달랬나, 술 먹겠댔나. 다방 같은 데서 몇 마디 오고 가는 사
이에 제 편에서는 벌써 이편을 존대하기 시작하고, 간밤에 잔뜩 마셔
서 오늘은 쉴란다고 슬쩍 엄살을 떨어도, '딱 한 잔만' 하자면서 억지
로 끌고 다니며, 돈을 벌려면 요긴한 대목에서 쓸 줄 알아야 한다며 크
게 마음먹고 크게 사주고, 술에 취하면 남동표의 그 나지나직한 목소
리에 더욱더 홀딱 반해 버리고, 헤어질 때에는 차비나 하라고 호주머
니에 돈 다발이나 디밀어 주고, 이편에서는 여하간에 받아 넣고 보고
… 그 다음 또 차비나 하라고 돈 한 다발, 이러다가 결국 감당이 안 되
면 에라 모르겠다, 남동표는 서울역으로 나가서 지방 가는 차표를 끊
고 줄행랑을 놓는다.[4]

　남동표는 사람들에게 사기를 치거나 피해를 주지만 대부분의 사람들
은 그런 것 말고는 남동표의 사람됨은 좀 부실해도 좋은 사람이라고
평판을 내린다. 길녀 또한 이런 약점과 헛점이 많아 인간적으로 보이
는 그를 좋아한다. 이는 남동표라는 인물은 선과 악의 갈림길에서 고
민하는 전통적 의미의 주인공이 아니기 때문이다. 남동표는 사람들에
게 피해를 주는 것처럼 길녀를 배반하고 책임지지 않으려한다. 오히려
길녀 모르게 길녀의 친구 미경이와 잠을 자거나, 길녀의 행방을 궁금
해 하는 기상현에게 길녀의 소식을 미끼로 같은 방을 쓰다가 돈 팔만
원을 훔쳐 도망하는 비상식적인 행동을 보여준다.

　남동표가 보여주는 인간관계는 인물들의 관계가 이미 고유한 가치를
박탈당한 물화현상을 드러낸 것이라 할 수 있다. 그러나 남동표가 행

---

4) 위의 책, 415~416면.

한 사기의 내용을 알면 그를 악인으로 매도할 수 있는 내용이 아니고 오히려 익살스러운 면모만이 더욱 부각된다.

이렇게 인물들이 드러내는 인간적인 면모는 인물들의 해학적, 익살적인 성격으로 드러나면서 오히려 인물의 내면과 인물들의 관계 속에 내재하는 부정적인 모습을 은폐하고 왜곡시킨다.

그러나 현대 산업 사회는 부자유가 영속화된 사회, 가속적으로 비인간화되고 야만화되는 사회, 따라서 근본적으로 변해야 하는 세계로 파악되며, 그 본질적 속성은 고도의 합리적 수단을 이용한 비합리적 지배 관계이다.따라서 길녀와 남동표와의 관계는 인간적인 면모로 보여주지만 비인격화된 비합리적인 관계이기 때문에 근본적으로 변해야 하고 달라져야 한다.

소설 후반에 길녀는 비뇨기과 의사와 살다가 비뇨기과의사 돈을 훔친 후 부산으로 내려온다. 그때 길녀는 남동표와 다시 운명적으로 만나게 된다. 남동표는 길녀를 만나자 자신이 살고 있는 여관방에 들어가 잠을 잔 후, 자기가 다니는 '회사는 거액의 융자를 받도록 되었고 자기는 그사이 모범 회사로 인정받기에 분골쇄신, 결국 성공한 보람이 있어 상무로 취체역이 되었고, 이제부터는 부산에도 진출 지사를 두기로 하자는 자기의 아이디어가 채택되어 지사 조직 차 장기 출장으로 내려왔다' 는 거짓말을 늘어놓는다. 남동표가 거짓말로 시청에 가서 담당 국장을 만나보고 온다며 나갔을 때 길녀는 남동표 가방을 뒤져 돈 칠만원을 훔친 후 편지를 쓰며 흐느끼다가 다시 돈을 두고 떠나게 된다.

우리끼리는 이러지 말아야 할 것이라는 생각이 드는군요. 피라미들끼리, 억울한 사람들끼리 이게 무슨 짓인가요. 정작 우리가 미워해야 할 사람들은 너무 아득한 데들 있고, 불쌍한 사람들끼리 이게 무슨 짓입니까. 하지만 지금의 우리 세상은 바로 이런 분수의 세상 같구요.

이런 분수를 어기려 들면 나만 못살아 갈 것이니 마음 독하게 먹고 가
져갑니다. 부디 앞으로 남씨도 건실하게 살아가기를 원하면서. -길녀
   스스로 생각해도 분명치는 않지만 무언가 본질적으로 흐느꼈다. 이
때까지 살아오던 차원과는 다른 차원으로 넘어가고 있다고 생각되었
다. 그 다른 차원이란 어떤 차원인지 길녀 스스로 알 수는 없었다.[5]

길녀는 분명치는 않지만 무언가 본질적으로 심경의 변화를 느낀다.
남동표의 돈을 훔치려 한 것은 남동표가 길녀에게 보여주는 배반에 대
한 복수심리이다. 그러나 남동표의 돈을 훔치지 않는 것은 남동표와
같은 이기적인 사랑을 하거나 배신하지 않음으로써 남동표가 보여주
는 배신과 무책임한 사랑의 방식을 거부하며 본질적으로 잘못된 관계
에 대한 새로운 인식을 보여준 것이라 할 수 있다.

2) 성실함으로 은폐한 욕망 : 기상현

기상현은 시골에서 올라와 월부책 장사를 하며 길녀가 자신에게 돌아
오기를 기다린다. 기상현은 착실히 저축하고 일하는 성격으로 남동표처
럼 다른 사람들에게 피해를 주지 않으며, 남동표에게 8만원을 잃어버리
고 커다란 실의에 빠지지만 다시 일어서는 성실한 모습을 보여준다. 기
상현은 길녀가 성매매를 하기 전에 길녀의 순정을 깨뜨림으로 길녀가
성매매하는 것에 책임감을 느끼며 책임감으로 길녀와 결혼하기위해 길
녀를 찾아다니며 마지막까지 길녀가 자신에게 오기를 기다린다.

길녀의 근황은 짐작한 대로였지만 그래도 혹시나 싶었는데, 게다가

---

5) 위의 책, 415~416면.

기상현은 길녀가 이렇게 된 것이 오로지 자기 탓이라고만 지나치게
심각하게 생각하고 있었다. 이럴수록 기상현은 길녀와 꼭 결혼하리
라, 아직 서울 때를 덜 탄 촌놈답게, 자기가 책임을 져야 하겠다느니,
구렁텅이에서 구해 낼 의무가 있다느니, 서울 물정 모르는 성인 군자
연한 생각만 사려 먹었다. 어차피 길녀 신세 이쯤 되었으니 이쪽에서
살자고 하면 감격할 것으로 알았는데, 한데 어러, 그 길녀가 하루 사
이에 종적을 감추다니…….[6]

위의 예문처럼 길녀가 기상현에게 느끼는 것은 안정감이지만 그 이
상의 감정은 느끼지 못한다. 그러나 길녀는 남동표에게 배반을 당하고
힘들어할 때면 마음으로 기상현을 찾기도 한다.
그러나 기상현이 시골에 있는 길녀에게 보낸 편지를 읽고 길녀는 다
시 한번 기상현에게 실망하고 매력을 느끼지 못한다.

편지는 이렇듯 별로 재미도 없었고, 언제가의 남동표 편지에 비하
면 구질구질해 보이기까지 하였다...한대 저는 제가 처음으로 다친 당
신을 마지막까지 책임을 질 것이라고 생각했었는데, 당신이 내 곁을
피해서 간 이후는 당신이 참말로 저를 싫어할는지도 모른다고 생각을
달리 먹게 되었습니다. 그 후 당신이 겪는 일과 걸어간 일은 여러 가
지로 가슴이 아프고 분한 마음이지만, 그것도 저는 제 미진한 덕으로
생각하고 저 자신에게 채찍을 들고 싶은 심정이고 매질을 하고 싶은
심정입니다.
−편지는 끝까지 이렇게 고리타분하였다. 마지막에 가서야 결국 정
식으로 구혼 비슷한 소리를 적었고... 편지를 읽고 나자 길녀는 한숨
을 쉬며 맥이 타악 풀렸다. 편지를 보아도 정은 안 가는 사람이다. 그

---

6) 위의 책, 101면

러나 정은 안 가는 사람이지만 결국은 대강 그렇게 주저앉을 것 같다는 생각을 하였다.[7]

　기상현이 길녀에게 가지고 있는 감정은 사랑의 감정보단 책임감이 더 강하다. 따라서 기상현은 결혼이라는 제도적 장치로 길녀를 책임지려 할 뿐이다. 그러나 길녀가 성매매하는 일을 시작하게 된 직접적인 동기는 기상현에게 정조를 빼앗겼기 때문이다. 기상현은 길녀의 정조를 강제적으로 빼앗았다. 그러나 소설에서 기상현의 예의 희극적인 성격과 성실한 모습은 그를 부정적인 인물보단 긍정적인 인물로 보이게 한다. 기상현은 마지막까지 길녀에게 집착하며 자신의 잘못을 참회할 기회를 열어두고 있지만, 결국 길녀를 정말로 좋아해서라기보다는 자신의 잘못을 책임지려 하기 때문에 집착하는 것이다. 기상현의 부정적 모습은 생활에 집착하며 열심히 살려는 성실한 모습으로 은폐된다.
　다음은 이러한 기상현이 잠시 같은 방을 쓰던 남동표에게 8만원을 도둑맞고 다시 자신의 생활패턴으로 돌아와 열심히 살아가는 모습이다.

　금호동 집에서는 정말 살이 끼었던 모양, 매사 신통치가 않았는데, 이곳으로 이사 온 뒤로 책 팔리는 것도 날개가 돋쳤다. 물론 크리스마스가 가까워서 대목이기도 하였지만, 여느 때 닷새 열흘 걸려도 팔까 말까 한 것을 하루 동안에 소화를 시키고는 하였다. 이 재미에 기상현은 어느새 돈 팔만 원 건도 먼 옛날 일처럼 뜨아해지기 시작하였다. 기왕 그렇게 된 일이니 찾을 때 찾더라도 당장은 잊어버린 셈 치고 다시 오백 원권 현금으로 차곡차곡 저금은 시작하였다.[8]

---

7) 위의 책, 364~365면.
8) 위의 책, 165면.

성실성과 근면함은 인간에게 있어 소중한 미덕이다. 그러나 성실성과 근면함이 도덕적 기준이 될 순 없다. 기상현은 성실성과 근면함을 미덕으로 삼음으로써 획일화된 역동적인 일꾼들을 양성하는 근대화된 사회의 자화상을 보여준다. 그러므로 기상현을 통해 드러나는 성실성은 생활의 미덕이 될 순 있지만 사랑이나 그의 삶에서 구원의 조건이 될 순 없다. 또한 기상현은 강압적인 방식으로 길녀의 성을 강탈한 후 그것을 결혼이라는 형식적인 방식으로 책임지려하는 보수적, 전통적인 형식의 남성상을 보여준다. 따라서 기상현은 보수적인 사고방식에서 아직 벗어나지 못한 인물로서 그의 성실한 면을 통해 그의 삶과 사랑을 보상받으려는 이중적 성격의 부정적인 인물로 드러난다.

그러나 이호철은 이러한 경직된 인물형을 풍자적이고 은유적인 문장으로 은폐하고 왜곡시키면서 하나의 희화적인 인물로 그려낸다. 또한 길녀의 성을 빼앗는 것이나, 돈을 도둑맞고 다시 열심히 돈을 버는 과정 등등을 희화적으로 그려내며 사건의 진실성보단 풍자와 해학적인 즐거움에 빠져들게 함으로 그 진지성을 떨어뜨린다.

개인의 진실이나 모습 등은 풍자적 사건과 문장으로 진지성을 잃게 된다. 이는 개인의 진실이 회복되기 위해서는 사회적 체제가 그러한 방식을 요구하고 받아들여질 때 가능하기 때문이다. 그러나 그의 소설에서 사회적 체제는 어떤 방식으로든 진실성과 거리가 멀며, 한 개인의 진실을 이해하거나 인정해주지 않는 모습을 지니고 있다. 따라서 그러한 사회적 분위기와 체제에서는 한 개인의 진실 따위엔 아무도 관심을 가져주지 않을 뿐더러 받아들여질 수 없는 하찮은 것이다. 이에 이호철의 소설은 늘 풍자와 해학과 은유의 방식으로 인물과 사건을 희극적으로 그려내며 즐거움을 주지만 한 개인 개인을 자세히 분석하면 부정적, 이중적인 성격을 지니고 있고, 그 누구에게도 특별한 비전이나 꿈 따위를 찾아볼 수 없는 허무한 인물형으로만 그려질 뿐이다. 이러한 소설기법은 개인보다는 전체적인 사회를 중요시하는 근대화 정신을 은유적으로 풍자한 부정적 인식의 한 모습이라고 할 수 있다.

> 사람이야 누구보다도 착실한 사람이지, 서울 장안을 몽땅 뒤집어 놓고 찾아보아도 그렇게 착실한 사람은 드물지, 싶으면서도 요즘 세상에 사람이 착실하기만 하면 뭐에 쓸 것이노 싶기도 하였다. '여하튼 미리부터 이럴 것이 아니라 신통치 않으면 그만두능 기고, 부산에 들러서 있을 만하면 남포동이라 카는 데 눌러앉능 기고.' 이렇게 작정하니까 길녀는 한결 마음이 가벼워졌다.[9]

위와 같이 길녀는 기상현의 착실한 면에 미련을 갖지만 그에 대한 사랑의 의지를 보여주진 않는다. 길녀가 부산에 내려가 만난 사람이 기상현이 아니라 남동표인 것은 기상현의 착실하고 성실한 면이 길녀에겐 더이상 어떠한 영향력도 끼칠 수 없는 삶의 방식이기 때문이다.

3) 성적·탐욕적 인물과 물질적 사랑 : 서린동 집 영감

길녀는 남동표와 살림을 차릴 생각으로 서린동 집에서 '모처에 취직을 하였고 답십리 쪽에다 방을 얻어 고향의 어린 동생을 올라오게 해서 공부를 시키겠다' 며 5만원을 꾸었다. 그런데 남동표는 이런 길녀를 책임지지 않기 위해 잠적해 버린다. 그러므로 마음을 둘 데 없는 길녀는 서린동집 영감의 첩이 되어 다옥동 집에 살게 된다. 영감은 부인이

---

9) 위의 책, 397면.

길녀에게 찾아와 첩이 되어달라고 부탁할 정도로 성적인 파행적인 모
습을 지닌 인물이다.

간밤에도 늙은 서방의 갖은 시달림에 위아래 삭신이 식초에 담갔다
가 꺼낸 듯이 녹신녹신하였다. 차라리 이 사람 저 사람 여러 남자의
시달림을 받는 편이, 이것저것 구경거리도 있고 저저끔 냄새도 달라
서 재미가 나지, 이 늙은 서방은 정말 감당하기가 버거웠다. 그러니
누구에게 하소연할 수 있는 일도 아니고, 서린동 집 본 마님과 길녀
자기밖에는 모르는 일이었다. 본마나님이 얼씨구나 하고 두 팔 벌리
고 길녀를 들인 것도 이제야 대강 짐작이 되었다.[10]

서린동 영감은 돈으로 성을 사고 첩을 두는 부정적인 인물이다. 그러
므로 서린동 영감이 지니고 있는 돈과 성적 파행성은 길녀 외에도 복
실 어멈이라는 첩을 새로 들이게 한다. 길녀는 영감의 성적 파행과 추
한 모습에 질려 시골로 내려간다고 하고는 남동표와 함께 지낸다. 그
사이 길녀가 없는 자리엔 복실 어멈이 들어와 길녀를 대신한다. 복실
어멈은 예전에 길녀의 단골이었던 젊은 의과 대학생을 가로채서 재미
를 보았던 인물이기도 한데, 길녀가 없는 사이 서린동 영감에게 의도
적으로 접근하여 후처가 된 후에는 집과 다방을 가로챈 후 영감을 내
쫓는 탐욕적인 인물이다.

서린동 영감이 가지고 있는 돈은 곧 아들 법학도의 결혼으로 사돈이
된 금호동 집 첫째아들, 둘째아들의 사업하는데 줄줄이 돈을 대주게
되고, 복실 어멈에게 집과 다방을 사주면서 파산하게 된다. 영감이 가
지고 있는 탐욕은 돈이 지니고 있는 부정적인 속성의 하나이다. 자본

---

10) 위의 책, 152면.

주의 사회에서 돈의 부정적인 속성은 인간의 탐욕과 욕망을 부추기고 만족시키는 도구로 전락한다. 이는 남동표가 돈에 대해 갖는 인식 '여하간에 돈만 있으면 세상은 썩어 문드러지거나 말거나 좋은 세상이었다.'[11]에서 잘 드러난다.

그러나 영감은 길녀에 이어 복실 어멈에게도 버림받으며 자신이 가진 돈에 의해 이용당하는 것으로 끝난다. 서린동 영감이 지니고 있는 탐욕은 돈의 부정적인 속성을 그대로 드러낸 것이다. 돈에 의해 성을 사고 첩을 두는 것은 돈의 부정적 결과이다. 그러나 서린동 영감이 첩을 두는 행태는 소설에서 당연한 것처럼 받아들여진다. 이것은 돈을 가진자가 누릴 수 있는 부정적인 모습으로 돈이 인간을 성적 인물로 타락시키고 도구화시키는 전형적인 모습을 보여준 것이라 할 수 있다.

4) 타락한 인간과 일탈된 성 : 비뇨기과 의사

비뇨기과 의사는 길녀가 성매매를 할 때 단골로 찾아온 손님인데 길녀가 친구 미경에게 남동표가 자신과 자고 갔다는 얘기를 듣고 괴로움을 느낄 때, 다시 만나게 됐다. 길녀는 평범한 여인으로 가장해 영미라는 아이를 따라 남자를 만나러 간다. 그런데 영미가 소개시켜 준 사람이 바로 비뇨기과 의사였던 것이다. 길녀는 비뇨기과 의사를 따라가 간호사로 근무하게 되는데, 병원에는 같이 동업하는 다른 의사가 한 명 더 있었다. 그러나 비뇨기과 의사와는 원래 성적 거래가 있었던 관계이지만, 그 다른 의사는 길녀의 의사와는 상관없이 길녀의 몸을 겁탈하는 파행적인 모습을 보여준다.

---

11) 위의 책, 176면.

물론 이렇게 따라온 바에는 길녀도 각오는 되어 있었다. 그전에도 서로 관계가 없었던 사이도 아니요, 밤이면 당연히 피부 비뇨기과와 그러고 그러리라 작정하고 들어섰지만, 이른 저녁에 한 차례 겪고나서 마악 잠이 들려는데 들이닥친 것은 합자를 한다는 그 덩치 큰 작자였다. 길녀도 얼결이어서 「이러지 말아요, 엄연히 주인이 있는······.」 후에 생각하고 스스로도 웃음이 나왔지만, 이렇게 말하였다. 「뭐 주인? 이거 왜 이러니?」이쯤 되면 사람의 탈은 썼지만 사람들도 아니었다. 짐승이요, 개돼지만도 못한 자들이었다. 임균, 매독균, 잡균만도 못한 자들이었다. 오냐, 이 개돼지들아, 놀 대로 놀아 보아라, 길녀도 악을 쓰듯이 고스란히 당해 주었다.[12]

이튿날부터 길녀는 두 주인에게 교대로 몸을 바치었다. 길녀는 성매매 직업을 가졌음에도 이들의 행태를 증오한다. 이들은 사회적으로 인정받는 의사로 자본주의의 부정적인 모습을 표상한다. 서린동 영감처럼 사람을 돈으로 사고 후처로 드리는 차원이 아니라, 한 여성을 완전한 성적 노리개로 전락시키며 도구화시키기 때문이다. 그럼에도 이들에게는 전혀 부끄러움이나 문제인식을 갖지 못할 정도로 마비된 양심을 보여준다. 이에 길녀는 처음부터 별렀던 일은 아니었지만, 캐비닛에 들어있는 돈 다발 20만원을 들고 고향으로 도망을 와버린다. 그러나 비뇨기과 의사들은 20만원의 돈이 큰 돈이 아니기 때문에 별로 개의치 않고 길녀를 잡아야겠다는 생각을 갖지도 않는다.

이처럼 길녀를 중심으로, 남동표, 기상현, 서린동 영감, 비뇨기과 의사 등은 성과 돈을 매개로 한 무책임하고 허무적인 관계의 일변도를 갖는다. 그러나 이들의 부정적인 인간의 속성은 풍자적인 문장과 유머스런 분위기로 은폐되고, 아무런 대책도 비전도 제시하지 못한 채 그

---

12) 위의 책, 302면.

때그때 부박한 인생의 순간을 맞이할 뿐이다. 이는 길녀를 중심으로 한 인물들의 관계를 통해 돈에 의해 유린당하는 성과 인간의 모습을 나타낸 것이라 할 수 있다. 또한 산업화, 근대화라는 새물결의 흐름에서 자본주의 속성에 유린당하는 한 개인의 모습을 보여준 것이라 할 수 있다. 여기에서 길녀가 마지막까지 지니고 있는 남동표에 대한 사랑은 진실의 가능성을 보여준다. 하지만 길녀가 남동표 곁을 떠나는 모습은 길녀의 마음이 진지한 사랑에 이르지 못한 것을 의미한다. 이로써 길녀의 사랑은 그 시대의 진실을 확보되지 못한다. 이는 길녀를 통해 개인의 진실이 확보되지 못하고 유린당하는 전체적 사회의식의 폐해를 부정적 사랑의식으로 드러낸 것이라 할 수 있다.

2. 타락한 인간관계

"소시민"[13]은 전쟁의 와중에 부산의 어느 제면소에서 벌어지는 인간관계가 중심을 이룬다. "소시민"은 부산이라는 자본주의의 체제로 급격하게 변화하는 변동의 중심에서 일어날 수 있는 가치의 혼란을 혼탁한 인간형과 타락한 인간관계 방식으로 상징과 우회적으로 잘 드러낸다.

근대의 시작은 시민 혁명과 산업 혁명에 의해서 열렸다. 산업 혁명은 자본주의로 이어진다. 그래서 근대를 논할 때는 자본주의라는 말과 항상 같이 간다. 근대에 오면서 자본이 곧 권력이 되는 시기가 온 것이다. 그렇기에 사람들은 극단적으로 자본을 추구하게 된다. "소시민"에 등장하는 인물들 역시 여기에 민감하게 반응한다. 빠르게 시류에 영합하여 자본을 얻기 위해 수단과 방법을 가리지 않는 인물군과 혹은 시

---

13) 이호철, 《소시민·삶》, 한국문학대표작선집17, 문학사상사, 2005년

류를 따르지 못하거나 거부하여 자본으로부터 소외되는 인물군이 있다. 그러나 자의적인 거부가 아니라 자본을 얻기에 적합하지 못했기에 소외된 것이다.[14] 따라서 "소시민"에 나오는 인물들과 인물들의 관계는 자본주의사회에서 권력의 구심점이 될 수 있는, 자본이 하나의 전제가 되어 있는 자본주의적 특성이 투영된 관계성을 보여준다. 이들의 인간관계는 근본적으로 자본주의 체제가 관계의 중심에서 총체적인 축으로 작용하면서 발생한다. 자본주의 체제를 가능케 하는 것은 총괄적으로 사회의 총영역이 이윤축적을 목적으로 하는 생산시스템으로 조직된 것을 의미한다. 즉, 한 사회가 자본주의라고 할 수 있기 위해서는 자본과 임금노동자가 존재하고, 이것이 거래되는 유통영역과 생산영역을 포함한 해당사회의 총영역이 이윤추구를 목적으로 하는 생산시스템으로 조직되어야 함을 의미한다.[15] "소시민"에서 '제면소'는 자본주의 체제를 상징적으로 드러내는 장소라고 할 수 있다. 각각의 인물들은 국수를 뽑아내기 위해 노동력을 제공하며 생산을 하고, 주인내외는 국수기계와 침식을 제공하며 이윤을 획득한다. 또한 뽑아낸 국수는 유통을 책임 맡고 섭외를 한다. 주인내외와 일꾼들의 관계는 이들이 이곳에 남아 생산 활동을 지속적으로 할 수 있는 기준이 되면서 이들의 인간관계는 자본가와 노동자의 관계로 변화한다.

그러나 '소시민'에는 자본가와 노동자의 관계가 비정상적인 관계로 왜곡되고 타락한 면모를 보여준다. 따라서 '제면소' 안에서 이루어지는 사건과 인간관계는 자본주의적 가치와 사고의 방식으로 해석할 수

---

14) 오화정, 〈이호철 중기소설의 근대성 연구〉, 숙명여대 석사, 2002.12, 31~32면.
15) "자본의 역사적 존재조건은 결코 상품유통과 화폐유통에 의하여 주어지는 것이 아니다. 자본은 오직 생산수단의 소유자가 시장에서 자기 노동력의 판매자로서의 자유로운 노동자를 발견하는 경우에만 발생한다. 그리고 이 하나의 역사적 조건만으로도 하나의 세계사를 형성하게 되는 것이다. 그러므로 자본은 사회적 생산과정의 하나로 새로운 시대를 고지하는 것이다. —홍영용, 앞의 책 참조.

있는 요지를 제공한다. 또한 제면소에서 생활하는 인물들은 이윤을 추구하는 노동활동이외에도 이념에 대한 갈등이나 자본주의 사회 체제에 대한 불만이나 도피, 순응 등의 자세를 보여줌으로써, 근본적으로 자본주의 체제를 비판 할 수 있는 지점을 확보한다.

1) 이상적 세계와 현실의 대립

제면소에서 일하는 정씨는 시대에 대한 의식을 지니고 있는 이념적 인물이다. 그러나 그가 품어왔던 이념은 현재 자본주의 체제에서 하나의 꿈으로서만 존재할 뿐이다. 따라서 정씨의 의식구조와 인간관계에 대한 분석은 "소시민"에서 드러내고자 하는 현실을 더 구체적으로 이해할 수 있게 한다.

> 실패한 불란서 혁명이나 성공한 러시아 혁명이나 역사책, 혹은 그런그런 저서들로 보면 대단해 보이지만, 사실은 하나하나의 세부를 따져 보면, 우리와 오십고 백보였을 기요. 지금이니까 레닌이다, 로베스삐엘이다 하지, 그때 그 파란의 한가운데서야 존재나 있었을라구.─대체 당신은 뭐요? 박씨는 뭐요? 어쩌다가 박씨가 이런 데 끼여들어서 그런 일에 삐치요? 같은 민족이라는 것으로? 집어치쇼, 당신들의 우국은 당신들의 우국일 뿐이오. 우린 우국은 한번도 해본 일이 없소. ─발등에 불이 떨어져 있었던 거요. '진짜 제 목소리'가 어쩌고, 그런 시건방진 겉깝데기 소린 역겹소.[16]

정씨는 공산주의 이념을 지닌 인물로 6·25전쟁을 혁명으로 생각하

---

16) 앞의 책, 146~147면.

며 그 현장에 직접 뛰어들었던 인물이다. 그러나 그가 지니고 있는 의식은 이데올로기적 의미에서뿐이 아니라 인간이 살아가면서 근본적으로 지키고자 하는 '냉엄하고도 건실한 것'을 지키고자 하는 높은 뜻과 이념을 지니고 있다. 이것은 화자인 '나'가 정씨를 두고 생각하고 의식하는 관점에서 자연스럽게 나타난다.

> 물론 이것은 정씨에게 있어 오랜 세월 속에서 절어 든 그 육중한 체계를 지닌 세계와는 관계없이 나 나름의 감상적인 종류기는 하였으나, 설사 그렇더라도 정씨의 그 육중한 도식보다 나의 이 실감이 더욱 간절하고 우리들에게 있어 가까운 것이라고 나는 생각하고 있었다. ─솔직한 애기가 나는, 그들 나름의 순정으로 받아들이고 있는 그들의 체계와는 관계없이, 다만 모든 사람이 미치기 시작하고 무너지기 시작하는 마당에서 어느 모서리 아직 냉엄하고 건실한 것을 견지하고 있는 듯한 정씨의 그 어느 면인가에 반해 있었고 의지하고 싶었던 것이다.[17]

그러나 정씨가 견지하고자 하는 이상은 현실에 부딪혀 서서히 무너지게 된다. 그가 무너지는 모습은 함께 일하는 김씨가 타락하는 모습과 그의 동생 정옥이 죽는 모습에서 상징적으로 그려진다.

> 박형, 박형은 모를 기구만, 여기 안 살아 보아서 모를 기구만. 사람이 달라지는 것도 참 묘하요. 이런 판에서는 어제가 다르고 오늘이 다르요. 굉장히 빠르요. 난 김씨에게서 김씨가 무너지고 있는 것도 보지만, 내가 무너지고 있는 것도 봐요.p.91─그전에는 저자와 나를 묶고 있던 것이 공통의 이념이라는 알량한 것이었지만, 이제부턴 생활력으로 둔갑을 했능 기라. 돈 많은 놈이 우위에 서게 되능 기라. 내가 아무

---

17) 앞의 책, 92~93면.

리 그리 안되려고 발버둥을 쳐도 현실정은 그렇지가 못하지러, 안 그
렁교? p.164

　정씨의 모습은 예전에 함께 이념운동을 했던 김씨와의 관계에서 분
명하게 드러난다.
　김씨는 정씨와 마찬가지로 조직노동자의 출신이지만 제면소에서 일
하면서 급속도로 타락해간다. 김씨는 함께 지냈던 강영감의 초상을 치
르는 날 동안에도 모두들 초상을 치르느라 바쁠때 돈을 벌기 위해 다
른 국수집인 초량동의 제면소로 나가 '날라리와 정씨'의 단골을 상대
로 국수를 팔아 일당으로 계산해 돈을 받고, 제면소 부엌에서 일하는
천안 색시에게도 접근하여 화장실에서 강제적으로 강간을 하는 등의
타락한 모습을 보여준다. 이와같이 김씨가 타락해가는 것은 김씨와 정
씨를 묶고 있었던 공통의 이념이 사라졌기 때문이다. 그러나 정씨는
김씨의 변화가 현실속에서는 이념대신 생활력과 돈이 그 우위를 차지
하게 되기 때문이라는 것을 이해하게 된다.
　정씨는 김씨의 타락해가는 모습을 보면서 자신이 지닌 신념이 돈앞
에 무너지는 것을 보지만 김씨처럼 타락하지는 않는다. 그러나 그의
동생 정옥이 죽으면서 그가 지니고 있는 이상은 곧 무너지게 된다. 정
씨에게 정옥은 마지막으로 지켜주고 싶은 이상이고 꿈이었다. 정옥은
눈이 한쪽 보이진 않지만 이성적이면서 예지력이 있는 이해심이 깊은
인물로 오빠인 정씨를 안타깝게 생각하고 깊이 이해한다.

　「요즈음 살아 남는다는 일이 차라리 **뻔뻔한** 일이 아닙니꺼. 더더구
　나 숱한 피 냄새를 피하여서 외진 구석에서나마 이러한 사람 둘이 같
　이 있다는 것을 이 바닥의 하느님이 있다면 용납이나 할 일이겠십니
　꺼 … 착하고 예쁘고 아름다운 사람들 사이라는 것이, 이 바닥에선 꽃

필 자리가 못 되능 기라요. 이런 꽃방석은 가까이 죽음을 전제하지 않고는 마련되지 않을 깁니더. 이 바닥의 하느님도 말입니더」

　―「사실은 믿고 싶기도 했능 기라예. 제 성격도 그런 쪽 아니겠십니꺼. 하늘 나라의 예쁜 것을 마음속으로 기리면서 살거나, 아니면 죽어 버리거나, 두 가지 중에 하나를 선택해야 할 사람잉기라요. 까다롭고 어려운 기질이라요, 그러구, 난 죽음을 택하고 싶십니더.」―「궁극의, 마지막 낙원이라는 것은, 우리와는 너무나 먼 기라예. 저 오라버지 같은 사람들을 수다하게 보아 오지 않았십니꺼. 난 그이들을 사랑하고 싶습니다. 그이들 편입니더. 그것이 불가능하면, 예수의 품에 들기보다는 그이들과 함께 차겁게 죽어 버리고 싶은 기라예.」[18]

그러나 정옥이 죽으면서 정씨가 지켜내고자 하는 이상은 곧 현실에서 이루어질 수 없는 것으로 판명난다. 정씨가 추구하는 이상은 정옥이 말하는 것처럼 궁극적인 낙원과 같은 상징적인 세계로 하나의 이상적인 세계일 뿐 현실 속에서 이루어질 수 없다. 따라서 정옥은 현실에서 이와 같은 세계를 그리며 타협하며 사는 것보단 죽음을 택하여 그 세계를 지향하는 길을 택함으로써 이러한 꿈과 이상이 타협점을 가질 수 없는 이상적인 세계 영역에 속하는 것임을 상기시킨다.

정옥이 죽은 후 일년이 지나면서 화자 '나'에게 영장이 날라오면서 정씨와의 마지막 대화가 이루어지는데, 이때 정씨는 소시민으로 실추된 모습을 보여준다.

「대관절 노추(老醜)가 안되면 별수 있능가? 허지만 나만 하여도 괜찮은 축이지. 적어도 일관하게 내 소신대로 살아오기는 했으니까. 이 길 저 길 마차를 바꿔 탄 사람들보다는 낫지. 관능적으로건 사상적으

---

18) 앞의 책, 202~204면.

로건 일관하게 유지했었다는 것은 그것대로 순수했다는 소리 하나는 들을 수 있을 테니까. 이 바닥에서 그것조차 힘등 기라. 순수했다! 허지만 대관절 이게 뭐고? ―모든 사람은 개인으로 뿔뿔이 흩어지고, 모든 개인은 곪아터져서 고름을 흘리기 시작하고. 난 원래가 약한 자라. 퇴조기에 접어들어 패배주의의 손길에 휘어잡히기 쉽게 태어났능 기라. 강철 같은 정신은 못 되지. 허나, 패배의 수렁에 빠져서도 내길을 돌아보면 일관하기는 했지. 적어도 마차를 바꾸어 타지는 않았거든.」―「정씨도 이젠 아주아주 소시민이 되어 버렸군요. 가장 경멸하고 얕보던 그 소시민이. 하긴 소시민이란 쓰레기 같은 갖은 잡동사니를, 좋고 나쁜 인간성이란 인간성은 죄다 가지고 있는 것이겠지만.」―신씨는 잠이 들어 있었다. 모두 이럭저럭 낑겨 눕자 정씨가 조심조심 흐느꼈다. ―역시 그는 강철 같은 심장은 못 가졌고 투사는 도저히 될 수 없는 사람이었다.[19]

정씨는 자신이 살아온 삶을 돌아보며 자신은 강철 같은 투사는 되지 못하였지만 이상적인 이념과 완전히 배치되는 삶을 살지 않은 것에 자부심을 느낀다. 하지만 그의 삶은 결국 강철 같은 정신을 지켜내는 투사가 되지 못하였기에 패배주의의 일색으로 돌아오며 평범한 소시민의 삶을 밟을 수밖에 없다. 결국 정씨는 뜻을 바꾸지 않음으로써 자신의 길을 지킬 수 있었지만, 결국 공통의 이념을 잃어버리고 개인주의로 돌아옴으로써 패배일색의 삶을 살 수밖에 없음을 안타까워한다.

제면소에서 정씨와 가까이 지내던 화자는 후에 장성한 정씨의 아들을 만나 정씨의 죽음의 소식을 듣게 된다. 그러나 정씨의 아들이 아버지와 이 시대를 열병과 혼란, 허무주의로 팽배해 있는 시대라고 냉소적으로 단정 짓는 소리를 들으면서, 이 청년도 정씨가 그렇게도 경멸

---

19) 앞의 책, 299~301면.

 이호철 소설에 나타난 세계의식

하던 말과 입부터 까진 청년은 아닌가 하는 의구심을 가지며 정씨에 대한 생각을 정리한다.

2) 욕망적, 충동적 관계와 근원적 그리움

자본주의체제는 과학기술과 생산력을 비약적으로 발전시켰지만 자본의 본원적 축적과정에서 계급대립의 심화나 사회적 불평등의 심화와 같은 폐해를 노정하고 있었다. 따라서 자본주의 체제하에서 인간과 사회, 문화, 이념적 가치는 물질적, 욕망적 가치로 변질된다.

제면소라는 국수를 생산하는 작은 공장에서 주인여자는 국수공장의 모든 것을 간섭하는 영향력과 함께 일한 것에 대한 돈을 제공할 수 있는 자본을 소유한 인물이다. 따라서 주인여자와의 관계는 국수공장에서 일을 계속할 수 있는지와 관계된다. 주인 여자는 이러한 관계를 악용하여 자신의 욕망을 채우는데 급급한 인물이다. 가끔씩 배가 아프다는 핑계로 제면소에서 가장 어린 일꾼을 불러 자신과의 관계를 요구하기 때문이다.

「아이고, 아이고」

신음 소리는 더 높아지고 「엄마 엄마」하는 윗방의 울음 소리도 더 높아졌다. 그런데 그 신음 소리와 뻥 하게 뜨고 나를 건너다보는 환자의 두 눈을 각기 이질의 것을 나타내고 있었다. 그제야 나는 대강 뜻을 알아차리고 배를 쓸어 주기 시작하였다.

뒤에야 알았지만, 이건 이 집에서 상례로 되어 있다는 것이었다. 주인 마누라가 탈이 나면 꼭 있게 마련인 일인데, 일꾼 가운데서 가장 젊은 사람이 호출되게 마련이라는 것이다. 내 선임자는 꽤 팔딱팔딱

한 성미였던지 그 자리에서 그냥 뿌리치고 제 고향인 남해로 되돌아
갔다는 것이다.[20]

주인 여자는 가끔씩 배가 아프다는 핑계로 방으로 화자 '나'를 부르
다가 종당엔 욕망을 참지 못해 화자를 여관방으로 불러내어 욕망을 만
족시키려 든다.

> 나는 창피하게도, 정작 요긴한 것이 제구실을 잊어버린 것이라고
> 익살 섞어 생각할 수 있을 만큼 나는 여유가 있었다. 그러나 어차피
> 주인 마누라의 탐욕적인 눈초리와 높아지는 숨소리는 나로 하여금 가
> 만히 있도록 내버려두지는 않아서 어느새 주인 마누라와 나는 세상에
> 도 해괴한 일을 치르고 있었다. 이렇게 도망갈 구멍이 추호도 없이 사
> 방이 꽉꽉 막혔으니, 이것도 내 탓은 아닐 것이라고 체념 섞어 생각해
> 버렷다. 어느새 주인 마누라는 나더러 나가지 말아 달라고 거의 고함
> 을 지르다시피 하였다. 그리고 눈물을 주룩주룩 흘리었다. 나는 이왕
> 이렇게 된 바엔 정신이 번쩍 들도록 갈기갈기 짓밟아 주고 구석구석
> 짓뭉개 버리자고 안간힘을 쓰고 있었다. 그러면서 나는 이제야말로
> 세상은 정말 망해 가는 것이라고 생각하였다.137-138

주인 여자와 화자 '나'와의 관계는 욕망적 관계일 뿐이다. 그런데
'나' 또한 주인 여자의 요구에 순순히 반응하면서 주인 여자의 탐욕을
만족시키려든다. 그러나 화자의 마음은 주인 여자의 관계에서 자신의
욕망을 만족시키기보다는 자신을 타락시키는 주인 여자의 탐욕을 짓
뭉개 버리자는 부정적 발로가 더 크게 작용한다. 따라서 주인여자와
관계를 치르면서 세상은 정말 망해 가는 것이라고 생각하며 부정적인

---

20) 앞의 책, 40~42면.

인식을 거듭할 따름이다.

　이러한 주인 여자와 '나'의 욕망적 관계는 다시 주인 여자와 동회 서기의 욕망적 관계로 변모되면서 주인 여자의 부정적 행각이 공공연히 드러나게 된다.

　　「아이고오, 이게 웬일일꼬. 이런 변이 세상에 있능고오. 저년이, 저년이, 저 미친년이 대낮에 무신 일을 벌렸노오.」비로소 노파의 카랑카랑한 목소리가 터져 나왔다. 주인은 멧돼지와 흡사하였다. 온몸으로 부딪히고 발길질을 하고 다시 두 손으로 후려치던 주인은 드디어 동회 서기의 멱살을 움켜잡고 끌어냈다. 동회 서기는 코피가 터졌으나 끌려 나가지 않으려고 아등바등 구석배기로 몸을 사릴 뿐이었다. 「이놈아, 나온나. 이놈아, 나와, 나와, 나와.」주인은 숨을 몰아 쉬며 잡아당겼다. 피가 주인의 와이샤쓰에 튀고, 종당에는 동회 서기도 질질 끌려 나왔다. 얼굴이 온통 피투성이였다. 팬티 바람에 윗도리 하나만 걸친 동회 서기는 여간 꼴불견이 아니었다. 주인 마누라는 미동도 않고 앉아 있었다. 주인 노파가 또 달려들어갔다. 주인 마누라에게 부딪혀 가며 벌렁 자빠졌다.[21]

　주인 여자는 '나'와 관계가 지속되는 상태에서 동회 서기의 방문을 받으면서 동회 서기에게 집착하게 된다. 주인 여자는 동회 서기를 자신의 방에 끌어들이면서 욕망을 만족시키려하는데, 이러한 과정이 우연히 발각이 되면서 주인 여자의 탐욕과 욕망이 가족과 사람들에게 모두 드러난다. 주인 여자는 남편과 가족에게 조금의 양심도 가지고 있지 않다. 대학에 다니는 딸이 암암리에 모두 알고 있는 동회서기와 주인 여자의 불륜의 관계에 원망을 하고 화를 내지만, 주인 여자는 돈 들

---

21) 앞의 책, 315면.

여 대학까지 보내준 자신에게 불만이 많다며 딸의 머리카락을 틀어잡고 딸도 어미의 옷소매를 잡고 늘어지는 등의 패악한 모습을 보여주기 때문이다. 주인 여자는 어떤 관계이든 자신이 돈을 주는 입장이기 때문에 합리화 될 수 있는 것처럼 행동 한다. 그러나 이러한 잘못된 인식은 곧 제면소를 운영하는 남편에게까지 합리화될 수 없기 때문에 그녀의 욕망은 꺾이게 되고 물거품이 된다.

　주인 여자와 '나', '동회 서기'와의 관계는 '욕망성'이 인간관계를 끌어잡고 있는 현상을 보여준다. 이러한 관계는 곧 '나'가 강영감의 딸 '매리'를 사랑하는 모습으로 복잡한 관계를 형성하게 된다. 그러나 주인 여자와 '나'의 관계가 자본을 소유한 주인과 점원과의 관계에서 발생한 시작하였다면, '나'와 매리의 관계는 서로에게 끌리기 때문에 형성되는 관계이다. 그러나 매리에겐 이미 순수성이 사라진 상태이기 때문에, 이들의 관계 또한 지속되지 못하게 된다. '나'는 여관에서 주인여자와 관계를 가진 후에 매리에게 찾아가 주인여자와의 관계를 말한다. 이로써 매리는 '나'와의 관계를 끊고 다른 남자와 사귀게 된다.

　　그녀는 이상하게 울고 있었다. 얘기하는 것은 정상의 억양인데 눈물을 펑펑 쏟았다. 그리고 나는 그녀의 머리를 가만가만 쓰다듬어 주었다. 저 밑에 바닷가의 불빛이 안온하였다. 나는 약간 감상적인 감미한 기분에 잠겨 있었다. 바로 그때, 갑자기 그녀는 기운을 쓰며 달려드는 것이 아닌가. 나는 얼결에 어느새 그녀를 끌어안고 있었다. 먼 바다 불빛 하나가 찬란하게 부풀면서 가까이 다가오고 우리는 엉뚱한 일을 저지르고 있었다. 그녀는 예상했던 대로 이런 일에 꽤 익숙해 있었으나 나는 처음이었다. 처음의 일로는 너무나 싱거운 것이라고 생각했을 때는 이미 늦어 있는 것이었다. 돌아오는 길에 우리는 수십 번이나 입을 맞추었다. [22]

 |이호철 소설에 나타난 세계의식

　　- 미국 공보원 옆길을 원피스 차림의 매리와 어떤 남자가 걸어오고 있었다. 매리는 여전히 하히힐을 신고 있었다. 앞뒤가 분명하고, 시작과 끝이 분명한 여자에게 흔히 있는, 그런 깜찍한 눈인사를 보내 왔다. 그뿐이었다.

　　매리는 역시 남자 속에 뛰어들어서는 무작정 혼란해지고, 일정한 자리를 지니면 다시 반듯해질 수 있는 그런 신식 여성임이 틀림없다고 술 취한 속에서도 나는 이런 생각을 하며 다시 휘파람을 불었다.[23]

　　'나'와 매리의 관계는 어떤 물질적 거래나 욕망이 끼어들어 있진 않지만, 충동적인 관계로 서로를 쉽게 청산할 수 있는 관계이다. 이들의 관계엔 어떤 진실이나 의미 같은 것을 찾아보기 힘들다. '나'가 주인 여자와 관계를 맺을 때에도 매리에 대해서 전혀 생각을 하지 않았던 것이나, 매리에게 주인 여자와의 관계를 얘기하는 것 등에서 일말의 거리낌을 갖지 않는다. 이것은 '나' 또한 욕망의 인물로 변해가는 것을 뜻한다. 마찬가지로 매리도 '나'와 주인 여자의 관계를 알게 된 후 더 이상 '나'에게 집착하지 않고 또 다른 관계를 쉽게 만드는 것처럼 다른 남자와 관계를 형성하는 것은 단순하고 간단한 일이다.

　　이처럼 "소시민"에 나오는 남녀관계는 욕망이 개입되어 있거나 충동적인 사랑이 형성되면서 남녀관계에 있어야 할 믿음이나 신뢰는 사라져있다. 따라서 인간관계에서 획득되어질 수 있는 진실과 의미는 사라지고 그 대신 충동과 욕망만이 난무하는 관계가 형성될 뿐이다.

　　이와 같은 욕망적, 충동적 관계에서 화자 '나'는 천안색시에게서 안식을 찾게 된다. 천안색시와 '나'와의 관계는 욕망적 관계이기 보다는 서로의 입장을 이해해주고 배려해주는 관계이다. '나'가 천안색시와

---

22) 앞의 책, 84면
23) 앞의 책, 174~175면

김씨의 억압적인 관계를 알고 있듯이, 천안색씨 또한 '나' 와 주인 여자의 관계를 알고 있기 때문에 서로를 이해해 줄 수 있게 된다.

우리는 골목길을 빠져 나갔다. 큰길에 나서자 나는 어느새 그녀가 누님처럼 따뜻하게 감쳐 오는 것을 느끼며 오래간만에 뭉클한 서글픔이 안겨 들었다. 남부민동 쪽 호젓한 길로 나를 데리고 갔다. 그녀는 길가에서 삶은 고구마를 사서 나에게 주었다. 나는 철부지 소년처럼 억죽억죽 고구마를 먹으며 어느새 그녀 모르게 혼자 울고 있었다.- 우리는 어느새 바다가 내려다보이는 언덕에 나란히 앉아 있었다. 송도 해수욕장이 저 밑에 내려다보였다. 나는 어느새 그녀의 치마폭 위에 두 손을 얹어 놓고 그러나 마음은 말할 수 없이 청결해 있었다. 그녀도 청결한 솜씨로 내 두 손을 조용히 쓰다듬어 주었다. 나는 도무지 뭐가 뭔지 도통 알 수가 없었으나 기분은 흐뭇하고 좋았다.[24]

'나' 가 천안 색시에게서 느끼는 감정은 고향의 누님에게서 느끼는 따뜻함과 뭉클함이다. 이처럼 천안 색시는 '나' 에게 순수하고도 따뜻한 존재이다. 하지만 이러한 천안 색시도 혼자서 생활을 해야 하기 때문에 김씨와 내연의 관계를 갖는다. 그러므로 천안색시는 남편이 전쟁에 나갔다가 부상으로 돌아와 김씨와 상면했을 때 울기만 할 뿐이다.

「저 사람은 누고?」
천안 색시는 당황하면서 얼굴이 새빨갛게 상기되었다. 와르르 흐트러지는 억양으로 제 남편을 건너다보면서, 「참, 인사하세요. 여기 김씨라구 ……」하였다. 그러나 천안 색시의 남편은 빠안히 김씨를 올려다보면서 인사를 하려는 몸짓을 취하지 않았다. 다시 한번 천안 색시

---

24) 앞의 책, 50~52면.

는 질리는 표정이 되면서 위태위태하게 김씨를 올려다보고, 「우리 집
양반이에유. 육군 병원에 와 있다가 퇴원을 하구 들렀는데 내일 다시
떠나게 됐이유.」하고는 드디어 참지를 못하고 두 줄기 눈물이 볼을 타
고 흘러내렸다.[25)]

　천안색시와 같은 순수한 여자도 생활전선에서는 내연의 관계를 허락
할 만큼 세상은 타락했고 혹독하다. 남편은 곧 전쟁에 나가 죽게 되고
천안색시는 김씨와 살림방을 차리기 위해 제면소를 나가지만, 김씨의
본처가 나타나면서 김씨와의 관계의 진정성도 깨어지게 된다. 천안색
시는 김씨의 본처를 만나 커다란 혼란을 느끼며 고향에 다녀오는 등
마음을 잡으려 한다. 또한 그 동안 담배를 배우는 등, 술집에 다니는
등의 많은 변화를 겪으며 타락해가는 면모를 조금씩 보여준다. 천안색
시는 이렇게 남편의 죽음과 함께 김씨와의 관계에서 깨어지는 마음을
‘나’를 만나면서 ‘나’에게 의지하려 들지만 ‘나’는 천안색시와 이성적
인 관계를 갖는 것을 원하지 않는다. 그것은 ‘나’가 가지고 있는 순수
한 마음과 진정성을 지켜내고자 하는 마음이고 의지이다. 또한 천안색
시가 ‘나’에게 갖는 감정은 여타의 욕망적 관계가 아니라, 인간에게서
느낄 수 있는 순수와 이해의 관계였기 때문에 천안색시도 ‘나’의 마음
을 이해하고 잘 받아들여준다. 후에 김씨가 개척한 사업도 잘 되지 않
게 되면서 화자 ‘나’는 천안색시가 술집 여인쯤으로 떨어졌으리라고
생각했지만 천안색시는 이와 같은 상상을 깨뜨리고 양장점을 차려 ‘가
냘픈 여자로서 험하게 살아온 관록과 두터움을 보이며’ 자신의 삶을
살아가는 모습을 보여준다.
　‘나’가 천안색시에게서 느꼈던 감정은 순수함과 이해심, 따뜻한 감

---

25) 앞의 책, 104면.

정들이다. 따라서 천안색시가 보여주었던 모습이 '가냘픈 여자로서 험하게 살아온 관록과 두터움'으로 덧입혀졌더라도 반듯하게 살아가는 모습으로 비쳐진다는 것은 화자 '나'가 지켜내고 추구했던 모습이 잘 지켜질 수 있음을 뜻한다. 그러나 '나'가 천안색시에게서 느끼는 감정은 정옥과 같은 이상적인 모습이나 매리와의 충동적인 사랑의 모습이 아니라, 누님과 같은 따스함을 느끼는 모습이라는 점에서 화자는 복잡하고 욕망적인 인간관계에서 근원적인 그리움을 추구하고 갈망하는 모습을 보여준다. 이러한 근원적인 그리움은 인간관계가 물질적, 욕망적으로 점철된다 할지라도, 그 속에서 퇴색되지 않고 더 큰 그리움과, 갈망으로, 인간의 순수성에 대한 회복과 갈망을 추구한 것이라 할 수 있다.

근대화와 타락한 사회구조

　근대화는 외형적, 물질적 팽배와 함께 자본주의 사회를 양산하고 정립한다. 모든 사회적 이념체제가 그러하듯이 자본주의 사회 또한 사회적 현실에 근거해야한다. 여기에서 사회적 현실은 곧 사회구조와 깊은 관계를 맺고 있는데, 사회구조는 그 사회를 지배하는 사회정의와 제도를 기본으로, 효용관계, 자유의 범위 등으로 나누어서 생각해 볼 수 있다.

　사회 정의에 관한 원칙들의 기본적인 주제는 주요한 사회 제도들을 하나의 협동 체제로 편성한 사회의 기본 구조이다. 여기서 제도라 함은 권리와 의무, 권한 및 면제 등을 수반한 직책과 직위들을 규정하고 있는 규칙들의 공적인 체계라는 뜻으로 사용한다. 제도는 두 가지 면에서 생각해 볼 수 있는데 첫째로는 추상적인 대상으로서, 다시 말하면 규칙의 체계가 명시하는 가능한 행동 형태이며, 둘째로는 일정한 시간 및 장소에 있어서 특정한 사람의 사고와 행위 가운데서 이들 규칙이 명시하고 있는 행위의 실현이라 할 것이다. 그런데 실현된 제도나 추상적 대상으로서의 제도 가운데 어느 것이 정의로운가 아닌가에 대해서는 이야기하기에 애매한 점이 있기는 하지만, 정의 여부를 가릴 수 있는 것은 실현되고 능률적이고 공평하게 관리된 제도라고 하는 것이 타당하다. 추상적인 대상으로서의 제도는 그것이 어떻게 실현되어 정의롭게 혹은 그렇지 않게 되었는가에 따라 그 정의 여부가 밝혀진다고 하겠다.

그런데 하나의 제도, 다시 말하면 사회의 기본 구조가 규칙들의 공적인 체계라고 말하는 것은 이 제도에 참여하고 있는 모든 사람들이 이들 원칙과 그것이 규정하고 있는 행위에의 참여가 합의의 결과일 경우에 알아야 할 바를 모두 알고 있다는 것을 의미한다. 한 제도에 참여하고 있는 사람은 그 규칙들이 그와 타인들에게 요구하는 바를 알고 있으며 다른 사람들도 이 사실을 알고 있고, 또한 그가 이 사실을 알고 있다는 것을 다른 사람이 알고 있다는 것까지도 알고 있다는 것이다. 확실히 이러한 조건은 실재하는 제도의 경우에 있어서 언제나 충분히 이루어지는 것은 아니지만, 그것은 단순화시킨 합당한 가정일 수는 있다. 정의의 원칙들은 이와 같이 공공적인 것으로 이해된 사회 체제에 적용되어진다. 어떤 제도의 하위 부분의 원칙들이 그에 소속된 사람에게만 알려져 있을 경우에는 이 부분에 속한 자들이 일반적으로 인정되는 목적을 달성해 주고 타인에게 불리한 영향을 주지 않는 한에서 그들 스스로 규칙들을 정할 수 있다는 데 대한 합의가 존재한다고 가정할 수 있다. 한 제도의 규칙들이 갖는 공지성(publicity)이란 거기에 참여하고 있는 사람들이 서로간의 행위에 대한 어떤 제한을 기대할 수 있으며, 어떤 종류의 행위가 허용될 수 있는가를 보장하는 것이다. 상호간의 기대치를 결정해 줄 하나의 공통 기반이 있게 되는 것이다. 나아가서 질서 정연한 사회, 다시 말하면 공통적인 정의관으로 유효하게 통제되고 있는 사회에서는 무엇이 정의롭고 무엇이 그렇지 못한가에 대한 공공적인 합의도 역시 존재하게 된다.[1]

---

1) 존 롤즈 지음, 황경식 옮김, 《사회정의론》, 서광사, 1985, 75~77면.

"심천도"[2]는 공적인 체계로 형성된 공무원사회에서 일어날 수 있는 하나의 사건을 두고 어떠한 선택이 더 옳고 효용적인 것인가에 대한 갈등과 대립을 다룬 글이다. 이러한 대립은 모든 사람들이 이들 원칙과 그것이 규정하고 있는 행위에의 참여가 합의되어야 하고 논의되어야할 문제다. 그러나 하나의 제도는 곧 도덕적인 가치와 정당성을 확보하고 그것을 전제로 합의가 이루어져야 하는데 그것을 만족시키지 못한 상태에서 대립이 이루어지기 때문에 문제는 논리적으로 해결되지 못하고 부정적, 억압적인 방식으로 해결된다.

이는 한 사회의 공직 사회를 중심으로 제도가 가지고 있는 권력구조와 개인의 대립이 결국 어떠한 형식으로 해결되는지 하나의 관례를 보여줌으로써, 근대화와 자본주의 사회로 진입하는 60년대 우리 사회의 부정적인 제도적 실상을 보여준다.

1. 타락한 사회성

"심천도"는 근대화의 추진 세력이라 할 수 있는 공무원 사회에 만연하는 안일주의와 적당주의 · 현실 추종주의 등을 비판하며, 전후 사회의 재편 과정에서 사회 전반에 만연된 타락과 무질서를 비판하는 소설이다. 1960년대 우리나라는 자본의 유입과 함께 근대화의 바람이 농촌과 도시를 휩쓸었는데, 그것은 사회정의에 대한 깊이 있는 인식을 전제로 하지 않는 효용과 현실적 이익에만 기준과 가치를 둔 개혁이었기 때문에, 전체사회는 효용이라는 이름 하에 부패해가고 진정한 사회정

---

2) 선우휘, 이호철,《깃발없는 기수 · 심천도》, 한국문학전집, 삼성당, 1993.
　－ 이호철,《심천도》,1968년 作, (1987년, 改稿)

의를 이루지 못하게 된다. "심천도"는 현실적 효용과 현실원칙에 타협하는 현실주의에 만연된 사회의 모습을 상징적으로 보여준다. 이러한 사회에서 주인공 이원영 주사가 주장하는 사회정의는 실현되지 못한다. 그것은 사회전체에 팽배해있는 거대한 현실을 하나의 개인이 바꿔내기엔 역부족이기 때문이다. "심천도"는 공무원의 작은 사회구성체에서 일어난 사건을 중심으로 이러한 사회에 만연된 타락한 사회관계와 부패성을 드러내면서 비판한다.

1) 사회정의와 효용

"심천도"는 공무원의 한 과(科)에 배당된 공팔예산을 어떻게 처분할 것인가에 대한 문제를 놓고 갈등하고 대립하는 것이 중심내용이다. 소설의 주인공인 이원영 주사는 주사가 된 지 2년이 넘었지만 고지식한 주사로 통할 만큼 원칙론적인 것을 고수해 국가에 귀속시켜야 하는 것을 원칙으로 두는 반면에, 상급자인 민과장과 과원 대부분은 그 돈을 관례되로 나눠갖기를 원하는데 갈등의 핵심이 있다. 이원영 주사와 과장의 대립은 근본적으로 현실과 타협하며 실리를 챙기는 부정적 효용이냐, 모든 것을 원칙론적으로 생각하는 정의의 측면이냐로 나누어진다. 그러나 효용의 측면이 의미를 확보하기 위해서는 사회의 공공선이라든가 가치라는 사회 정의의 측면을 만족시켰을 때 의미가 있다. 하지만 "심천도"에서는 사회정의를 희생하여 어떤 사회정의도 만족시킬 수 없는 효용측면만을 강조함으로써 효용을 사회적 정의와 무조건적으로 대립되는 개념으로 거론하는 것에 문제의 핵심이 있다.

 이호철 소설에 나타난 세계의식

원칙적으로 이 주사의 주장이나 고집이 옳은 것은 자기도 모르는 바가 아니지만, 백 번 옳아도 효용이 현실적으로 없을 때는 무효다, 한데, 현실적으로는 괜히 과 분위기를 흐려만 놓은 결과가 되고, 사이좋던 과장과 김 사무관 사이를 갈라놓고, 엉망으로 만들어 놓지 않았는가. ―하긴 현실적으로 한 과를 책임 맡고 끌어 나가자면 원칙성에 철저하기보다는 현실성에 철저해야 할 것이다. 왜냐 하면 원칙성이란 자칫하면 공리 공론인 경우가 흔하니까. 엄연한 공무원 기구의 한구석을 차지하고 있음은 바로 엄연한 현실이다. 과가 있는 것이 바로 엄연한 현실이듯이 과를 구성하는 근 20명의 인원 및 그들의 생활도 엄연한 현실이다. 이런 경우 한 과를 책임 맡고 있다면 과의 업무뿐만 아니라 과내의 모든 일, 심지어 과원 각자의 집안일, 과원 각자의 생활 문제도 자상하게 신경을 써야 할 터이다. 대국적인 관점에서 국가 공무원으로서 이것이 옳은 일이냐 나쁜 일이냐의 여부보다도, 과 현실에서 이것이 불가피한 일이냐 불가피한 일이 아니냐가 문제일 것이다.[3]

이원영 주사는 원칙적으로 자신의 의견이 옳지만 그것이 백번 옳아도 현실적으로 효용이 없을 때는 무효이고 지킬 만한 것이 되지 못한다는 과장의 말에 흔들리게 된다. 이원영 주사는 자신이 양보만 하면 분열되었던 과의 분위기가 정상으로 돌아올 수 있을 거라는 과장의 말에 원칙론과 현실적인 효용면에서 갈등을 겪을 수밖에 없다. 또한 자신 때문에 과장과 김사무관 사이가 갈라지고 과분위기가 흐려지고 엉망이 되는 등의 문제에도 책임을 느낀다. 이로써 이원영 주사는 옳은 것과 효용사이에서 다시 한번 갈등을 겪는다.

또한 이원영 주사가 생각하기에 한 과를 책임 맡고 있는 과장은 과의

---

3) 위의 책, 345~346면.

업무뿐만 아니라 과원들의 생활 문제까지도 신경을 써야하는 위치에 잇다. 따라서 어떤 일을 결정할 때 그것이 옳고 그른 차원의 문제가 아니라, 현실에서 불가피한 일이냐, 아니냐의 문제에 관심을 둘 수 밖에 없다고 생각한다. 따라서 이원영 주사는 이제 자신의 의견이 전체적인 효용면에서 유익한 것인지 아닌지에 대한 문제로 고민을 하지 않을 수 없다.

그러나 과장이 주장하는 전체적인 효용면이라는 면을 자세히 살펴보면, 결국 사회구성원 전체에 만연되어있는 안일주의·적당주의를 깨뜨리지 말고 그대로 유지하자는 것이다. 그것에는 어떤 사회적인 공돈선이나 중대한 가치가 있는 것이 아니라 부정적인 안일주의에 젖어있는 사회체제를 그대로 유지하자는 것에 귀착한다. 이로써 사회적 효용면으로 과장이 주장하는 것은 부정적인 안일주의에 타협을 요구하는 부패한 강요 그 이상의 의미를 지니지 못하고 있다. 또한 과장이 주장하는 효용은 사회 정의의 원칙들에 위배됨으로써 어떠한 의미도 확보하지 못한다.[4]

실제로 과장은 과의 분위기를 중요하게 생각하는 일면도 없지 않으나 과원들의 생활 문제를 세심하게 신경쓰기 때문에 공팔예산을 귀속

---

4) 효용의 원칙이 실현될 경우에는 모든 이가 혜택받는다는 보장은 없다. 사회 체제에 대한 충성으로 인해 전체의 보다 큰 선을 위해서 일부의 사람은 이득을 보류하도록 요구될 수도 있다. 그래서 희생당해야 할 자가 자신의 것보다 더 큰 이해관계에 대해 강한 일체감을 느끼지 않는 한 그 체제는 안정될 수 없다. 하지만 그러한 일이 생기기란 쉽지 않은 것이다. 문제되는 희생은 공동선을 위해 대부분이 전력을 경주해야 할 사회적 위기에서 요구되는 것이 아니다. 정의의 원칙들은 사회 체제의 기본 구조에 적용되며 인생 전망을 결정하는 데 적용된다. 효용의 원칙이 요구하는 바는 이러한 기대치의 희생이다. 우리는 평생토록 타인의 보다 큰 이익을 위해서 보다 낮은 기대치를 받아들이는 것이 충분한 이유가 있는 것으로 인정해야 한다. 이는 분명히 지나친 요구이다. 사실상 사회가 그 성원의 선을 증진시키기 위해 생겨난 협동 체제로 생각될 경우 정치적 원칙을 근거로 해서 일부의 시민이 타인을 위해 보다 낮은 생의 전망을 감수해야 한다는 것은 아주 놀라운 것이다.
  - 존 롤즈 지음, 194면.

시키지 말자고 하는 것은 아니다. 실제로 과장은 공팔예산건이 있는지도 알지 못했으며, 평상시에 과원들에게 세심한 배려를 해주는 성격도 아니다. 이것은 자신의 의견과 대립되는 이원영 주사가 전날 김주사와 술을 먹고 출근시간에 지각하는 것을 참지 못하고 윽박지르면서 자신의 의견에 대립하는 이원영 주사를 배척하는 부정적 모습에서 확인된다. 또한 과의 분위기가 이원영 주사의 의견대로 기울면서 과장을 배척하는 분위기를 맞이하자 국장을 찾아가 더 큰 권력에 의지해 문제를 강압적으로 간단하게 처리하려는 모습에서도 그러한 부정적인 모습은 확인된다. 따라서 이원영 주사와 민과장의 대립은 실제로 사회정의의 측면과 효용의 측면의 대립이라기보다는 부정적 현실에 원칙적으로 대처하느냐의 문제로 귀착된다.

결국 과장과 이원영 주사의 대립은 이원영 주사가 사표를 내고 공무원 생활을 그만두지만, 과장 외 다른 직원들은 그대로 직장 생활을 함으로써 사회적으로 근본적인 체제의 변화나 개혁을 이루어내지 못하는 결론을 맺는다. 그러나 이원영 주사가 타협 하지 않고 자신의 소신을 끝까지 지켜냄으로써 이원영 주사는 동료 김 사무관에게서 앞길이 분명히 있을 거라는, 길이 열릴 거라는 확신의 말을 들으며 희망적인 전망을 듣는다. 이원영 주사의 원칙론과 정의에의 확신은 직접적으로 문제를 해결하지는 못하지만, 부정적 안일주의·적당주의에 대한 경각심과 함께 또 다른 길에 대한 가능성과 전망을 내놓는다.

이렇게 사회적 효용과 정의의 관점에서의 갈등은 결국 60년대 우리 사회의 근대화의 문제에까지 소급될 수 있다. 근대화는 전체적 사회적 효용면에서는 어떠한 면에서는 개혁적이면서 발전된 모습으로 외양적인 포즈를 보여주지만 그 실제적인 면모를 들여다보면 이 또한 효용면에서 정의의 원칙들이 고수되지 않은 채 '민주주의적이 온정주의와 적당한 선을 운운하는 자기변명, 자기 합리화’로 지켜야할 원칙들이 깨어지고 만용 되는 모습을 갖고 있기 때문이다.

2) 제도와 사회적 정의

제도에 대한 원칙들을 선택할 때 정의라는 덕목이 갖는 사회적 성격은 관념론자들이 자주 주목하듯이 그 덕목이 사회적 관행과 밀접히 관련되어 있다. 브랜드리는 사람의 책무와 의무는 제도에 대한 도덕적 관점을 전제하며 따라서 개인에 대한 요구 조항이 제시될 수 있기에 앞서 정의로운 제도의 내용이 규정되어야 한다고 한다.[5] 이는 다시 말해서 대부분의 경우에 있어서 책무와 의무에 대한 원칙들이 기본 구조에 대한 원칙들 다음에 결정되어야 한다는 것을 의미한다.

“심천도”의 주인공인 이원영 주사가 내세우는 원칙론은 공직을 담당하는 자로서 도덕적 관점에서 정당한 책무와 의무를 다한 것이다. 그러나 과장과 다른 직원들은 지금까지 지켜온 부정적인 관행을 이유로 그것의 정당성을 제거하려한다. 그러나 기본적으로 어떤 제도에 대한 원칙들은 우선은 도덕적인 관점에서 정당성을 확보했는가가 중요하고 다음으로, 그것을 바탕으로 한 책무이행의 강요가 있을 수 있다. 이 때 체제가 정의로운 것이라면 각자는 모든 이가 그들의 역할을 다할 경우에 자신의 정당한 본분을 받아들이게 된다.

그러나 과장 외 다른 공무원들은 관행을 운운하는 이들의 주장에는 제도에 대한 어떠한 정당성도 확보하지 못하고 도덕적인 정당성도 지

---

5) F. H. Bradley, Ethical Studies, 제2판 (Oxford: The Clarendon Press, 1927), 163~189면 참조.

니고 있지 못하다. 따라서 이원영 주사가 주장하는 정당성과 원칙론에
민과장은 어떠한 논리적인 대응이나 구속력을 지닐 수 없다. 이에 과
장은 위기의식을 느끼며 자신을 보호해줄 수 있는 더 높은 권력인 국
장을 의지해서 부정적인 방식으로 문제를 해결하는 방법을 선택할 수
밖에 없게 된다.

공정성의 원칙이 명시하는 요구 사항은 책무라 할 수 있다. 중요한
사실은 공정성의 원칙이란 첫째로, 문제되는 제도와 관행이 정의로와
야 하고, 두번째로는 요구되는 자발적 행동을 규정하는 것이다. 공정
성의 원칙으로 인해서 정의롭지 못한 제도나 혹은 적어도 참아낼 수
있는 부정의(아직 규정되지는 않았지만)의 한도를 넘어서는 제도는 구
속력을 가질 수 없다. 특히 독재적이거나 전제적인 형태의 정부에 대
해 책무를 가질 수는 없는 것이다. 책무가 합의의 행위 등이 어떻게 표
현되든 다른 행위에 의해 생겨날 수 있는 필수적인 배경 조건이 존재
하지 않는다. 따라서 책무 관계는 정의로운 제도나 그 여건에 비추어
보아 어느 정도 정의로운 제도를 전제하고 있다.[6]

따라서 공팔예산을 둘러싼 대립은 공직사회 뿐만 아니라 민주 사회
라는 체제에서 하나의 제도들이 어떠한 방식으로 만들어져가고 흘러

---

6) 정당성에 대한 이론 체계는 제도에 대한 원칙들에 대하여 공정성·성실성·상호 존
　중 그리고 선행과 같은 개념들에 대한 원칙들에 합의해야 하는데 이들은 개인뿐만
　아니라 국가의 행위에 대한 원칙들에도 적용되는 것이다. 이 때 개인에 적용되는 원
　칙 중의 하나인 공정성의 원칙은, 이 원칙이 내세우는 두 조건이 만족되는 경우 모
　든 사람은 제도의 규칙들이 정하는 각자의 본분을 다해야 할 것이 요구된다. 조건이
　란, 첫째로 제도는 정의로우며(혹은 공정하며) 다시 말해서 그것은 정의의 두 원칙
　을 만족시키며, 둘째로 사람들은 그 체제의 이익을 자발적으로 받아들이거나 지신
　의 이익을 증진하기 위해 그것이 제시하는 기회를 이용한다는 것이다. 그 주요 내용
　은 많은 사람들이 규칙에 따라 상호 이익이 되는 협동체에 가담하고 따라서 모든 사
　람에게 이익을 주는 데 필요한 방식으로 그들의 자유를 제한할 경우, 이러한 제한에
　따르는 사람들은 그들이 그것에 따름으로써 이익을 보는 다른 사람들 편에서도 동
　일하게 그것에 따를 것을 주장할 권리를 갖는다는 것이다.
　- 존 롤즈, 129~130면

가는 지에 대해 단적으로 보여주는 선례라고 할 수 있다. 민주주의에서 제도의 정당성은 무엇보다 정의로워야 하고 그러하기에 자발적 행동이 뒤따라야 하는 것이지만 우선, 체제가 갖는 제도의 정당성에 대한 합의를 이루어내지 못한 문제가 뒤따름으로 해서, 정당성을 잃고 강요와 압박의 수단으로 이원영 주사를 사퇴하게 만드는 억압적인 방식만이 존재할 따름이다.

또한 공직을 담당하는 자는 그들의 신뢰와 신용을 얻어야 하고 그들과 협동하여 민주 사회를 영위해 가야 할 동료 시민에 대해서도 책무를 갖는다.[7] 마찬가지로 우리는 사법·행정 혹은 다른 부서의 지위를 받아들이는 경우뿐만 아니라 결혼을 할 때에도 책무를 갖게 된다. 우리는 약속이나 암암리의 합의에 의해서도 책무를 갖게 되며 경기에 참가할 경우까지도 이른바 규칙에 따라 경기하고 훌륭한 운동 시합이 되도록 하는 책무를 갖는다. 그러나 "심천도"에 나오는 공직 사회는 사회 관계에서 중요한 것이 신뢰와 신용, 협동의 책무보다는 서로의 눈치를 보며 대세가 어디에 있는지를 파악해 기회주의적으로 행동하고 어떤 손해도 보지 않으려는 실리주의가 작용할 따름이다. 한 나라의 체제와 제도를 단적으로 보여줄 수 있는 공직사회에서 보여주는 이와 같은 사건은 결국 60년대 우리사회의 체제와 제도가 어떠한 도덕적 가치와 정당성을 담보하지 못하고 '돈'이라는 경제적인 논리에 의해 정당성과 가치를 잃는 패배주의와 허무주의의 일변도로 달려왔다는 것을 단적으로 보여준 예라 할 수 있다. 어떠한 가치를 담보하지 못한 실리주의는 패배주의와 허무주의를 낳으며 보다 건강한 사회의식을 만들어내지 못하고 점점 부패한 사회현상을 만들어낼 뿐이다.

---

7) 존 롤즈, 132면.

항시 옳은 일은 옳게 생각되어서 옳은 일이 아니라, 현실적인 효용 면에서 문제가 되어야 할 것이었다. 현실 사태와 괴리된 채의 독주(獨走)는 하나의 무모한 쇼밖에 될 것이 없다. 그러나 그렇다면 어느 점에서 어떻게 타협을 짓고 수습을 해야 할 것인가. 김 사무관이나 양 주사의 그것은 어느 선에서의 현실 순응이고 그 저변에 깔려 있는 것은 결국은 별수 없다는 체념이며 패배주의이다. 궁극적으로 진지하기만한 자세가 반드시 궁극적으로 옳은 것은 아니라는 양 주사의 말을 정곡을 찌른 듯한 소리지만 그 저변에 깔려 있는 것은 역시 비굴한 소시민 근성이요, 어느 정도는 허무주의적인 싯점이다. 그러나 소시민 근성, 허무주의적인 싯점 운운하는 것도 어찌 보면 관념의 유희일 수가 충분히 있다.[8]

이원영 주사의 공팔예산 귀속문제에 대해서 처음에 반대했던 김 사무관은 원칙론적으로 정당한 이원영 주사의 의견이 정당하다고 생각하며 고무된다. 따라서 처음에 과장 편에서 이원영 주사를 설득하려 했던 태도를 버리고 과장과 오히려 적대관계가 되며 이원영 주사의 의견을 끝까지 밀고 나갈 것을 요구한다. 김 사무관은 아직 패기에 차있고 내심 자기 능력에 대한 과신이나 출세주의의 야심을 지니고 있는 인물이다. 그렇기 때문에 과장처럼 무사 안일주의와 현실추종주의에 깊이 빠져 있지 않고 이원영 주사의 원칙론에 동의한다. 또한 소설의 중간부분에 등장하는 양주사는 예의 현 사태를 주시하며 사건을 비교적 정당하게 진단하며 근본적인 문제가 어디에 있는지에 대한 객관적인 의견을 내놓기도 한다.

"사실 솔직한 얘기로 공무원 사회뿐만 아니라, 이 바닥을 원천적으

---

8) 위의 책, 401면.

로 뒤덮고 있는 체념과 매너리즘의 풍조는 그 근본을 따져 올라가면 올라갈수록 뿌리가 깊어지는 것이지요. 아무리 진지하게 대어들려는 사람이라도 어느 대목에서 중도 포기하지 않을 수 없고, 바로 그때부터 그의 타락, 상황에의 적응이 시작되는 것이 아닙니까. 옳은 일을 하려면 철저하게 옳거나, 그렇지 않고 어중간한 것이라면 애초에 집어치는 것이 낫다, 난 이렇게 생각했었지요. 그 다음에 남는 것은 뭡니까. 기계가 되는 길밖에 없습니다. 모든 것이, 모든 일이, 모든 사람이, 우스워 보이지요. 자기까지도 우스워 보이지요. 의욕 상실증, 창의성 기피증, 이럭저럭주의, 이런 것이 머리를 들기 시작하는 거지요.—별수 없는 것이지요. 고질을 도려 내려면 인체가 몽땅 죽어 버리게 되고, 그냥 놓아 두면 더 썩어 가고, 결국 그냥 놓아 두는 길밖에 없다 이겁니다. 해서, 나의 생각은 개개의 문제는 개개의 문제 자체에 있는 것이 아니라 원천적인 점에 문제가 있고, 원천적인 점에 문제가 있는 이상……"

문득 이원영 주사가 나지막한 목소리로 쐐기를 넣었다.— 양주사. 우리는 최소한 지나치게 모든 것을 단순화하는 버릇만은 버려야 할 것입니다. 그때그때 나타난 문제를 그 문제 자체에 즉(即)해서 바라볼 줄 아는 습성을 가져야 할 것입니다.—어떤 대전제와 선입견, 추상적인 원칙 안목, 이런 것으로 항상 사태를 재단하려고 하는 데서는 한 발짝도 나갈 수 없는 것이지요.—당장 우리의 눈앞에 있는 문제는 우리의 과입니다.[9]

양주사는 이미 뿌리깊은 체념과 매너리즘의 풍조의 근본은 개개의 문제 자체에 있는 것이 아니라 원천적인 점에 문제가 있다고 하며, 이러한 문제를 건들리게 되면 전체 사회가 죽어버리게 되기에 그것을 알

---

9) 앞의 책, 364~365면.

고서도 그대로 내버려 둘 수밖에 없다고 한다. 이것은 공무원 사회 뿐 아니라 전 사회체제에 대한 부정적인 진단으로 근본적으로 타락하고 부패한 사회의 모습을 일깨운다. 그러나 양주사는 이러한 의식하에 사회의 모습을 진단은 하지만 그것을 해결하기 위한 어떠한 방법도 제시하지 못한다. 그것은 곧 자기 살을 도려내는 방식을 요구하기 때문이고 자기희생이 전제되기 때문이다. 이에 이원영 주사는 문제의 핵심을 문제 자체로 바라보며 해결해야 할 것을 촉구한다. 또한 그것을 해결하는 과정에서 부정적인 체제에 타협하지 않고 사표를 냄으로써 단오하게 희생하는 쪽을 선택한다. 이원영 주사가 선택한 사표를 내는 길은 부정적 현실사회와 타협하지 않는 것으로 곧 자기희생이 뒤따를 수밖에 없는 아픔이 존재하지만 이로 인해서 또 다른 새로운 길에 대한 가능성을 보여준다고 할 수 있다.

이러한 자기희생을 담보로 해서만 정당성과 원칙론이 고수될 수 있는 사회는 부패한 사회일 수밖에 없다. 그러나 김 사무관이나 양주사처럼 체제에 대한 진단은 내리지만 그 어떤 희생이나 행동을 앞장서서 나서지 못하는 입장이야말로 사회를 더욱 어둡게 만들고 패배주의적으로 흘러가게 하는 요인으로 작용한다.

2. 제한적 자유와 불복종

인간의 의식과 사회적 관계는 기본적으로 자유의식과 깊은 관계를 가지고 있다. 자유는 인간의 열망에 깊이 뿌리를 내리고 있는 것으로, 사상의 자유와 양심의 자유, 신체의 자유와 시민적 자유는 정치적 자유 즉 정치적 문제에 동등하게 참여할 자유로 인해서 희생되어서는 안

된다. 이러한 자유는 헌법상의 제한이나 법적인 제한과 관련해서 논의될 수 있는데, 이런 경우에 자유란 제도상의 어떤 구조를 의미하며 권리와 의무를 규정하는 공공적인 규칙들의 어떤 체계라 할 수 있다. 그래서 어떤 것을 행함에 있어 자유롭다는 것은 그들이 그것을 행하거나 행하지 않음에 있어 어떠한 제한으로부터 자유롭고 그들이 그것을 행하거나 행하지 않음이 다른 사람에 의한 간섭으로부터 보호되어 있는 경우를 말한다. 그러나 무엇보다도 먼저 기본적 자유들은 하나의 전체로서, 하나의 체계로서 고려된다는 것이 중요하다. 그러나 자유들이 제한을 받지 않는다면 이들은 분명히 서로 충돌하게 마련이다. 질서를 위한 규칙은 우리가 말하고 싶을 때 말하지 못하게 함으로써 자유를 제한하긴 하지만 그러한 규칙은 이러한 자유가 가진 이익을 얻기 위해서 필요한 것이다.[10]

그런데 법의 지배란 분명히 자유와 밀접히 관련되어 있다. 법적 체계는 합리적 인간들에게 제시되어 그들의 행위를 규제하고 사회적 협동의 구조를 제공해 주기 위한 공공 규칙의 강제 질서이다. 법적인 질서가 합리적 인간들에게 제시된 공공 규칙의 체계라고 생각한다면 법의 지배와 관련된 정의의 신조들을 해명할 수 있다. 이러한 신조는 법적 체계라는 관념을 완전히 구현하고 있는 것이라면 어떤 규칙 체계이든 따르게 되는 그러한 것이다. 이것은 현존하는 모든 법이 모든 경우에 반드시 그러한 신조를 만족시킨다고 말하는 것은 아니다. 만일 규칙성으로서의 정의로부터의 이탈이 지나치게 횡행하게 될 경우 생겨날 수 있는 심각한 문제는 법적 체계가 독재자의 이익이나 자애로운 군주의 이상을 증진하기 위해 마련된 일련의 특정한 질서에 대항하기 위한 것으로서 존재하는지의 여부이다. 법 질서를 공공규칙의 체계로 생각하

---

10) 존롤즈, 217~219면 참조.

 _{이호철 소설에 나타난 세계의식}

는 것의 요지는 그렇게 함으로써 우리가 합법성의 원칙과 결부된 신조를 도출할 수 있다는 점이다.[11)]

질서 정연한 사회에서 있어서까지도 정부의 강제력은 사회적 협동체의 안정을 위해서 어느 정도 필요하다고 생각하는 것이 합당하다. 비록 질서 정연한 사회에서 형벌제가 가혹하거나 지나칠 필요는 결코 없을지라도 강제력을 가진 통치권은 언제나 필요한 것이다. 그런데 이러한 형벌 제도를 설치함에 있어서 형벌 제도가 대표적 시민의 자유를 그르치게 될 가능성에 의해 판단될 그의 자유에 대한 위협을 생각해보아야한다. 강제 기관을 설치하는 것이 합리적이기 위해서는 이러한 불리점이 불안정에서 오는 자유의 상실보다 작아야 한다는 것이다. 이것이 사실이라고 가정할 때 최선의 체제는 이러한 위험들을 극소화하는 체제이다. 다른 조건이 동일하다고 할 경우 자유에 대한 위협은 법이 합법성 원칙에 따라 공평하고 규칙적으로 운용될 때보다 작아진다는 것은 명백하다.[12)]

"문"[13)]은 간첩혐의를 받은 주인공 '그'가 반공법, 보안법에 걸려 연금 조치가 되었다가 감옥에 갇혀 조사를 받는 내용이다. "문"의 주인공 '그'가 재판을 받는 직접적인 사건은, 유신체제를 반대하는 개헌청원 백만인 서명 운동의 주역으로 나선 장정후라는 인물과 연루되어 있다는 명분이다. 장정후는 정계에 뛰어들어 여당 제 2인자의 이름을 매도하며 남한 테두리 안의 명제를 넘어서서 그 테두리 바깥의 삼천리 강산으로 뜨겁게 부딪쳐 갔던 인물이다. 그때 주인공은 개헌청원 백만인 운동에서 장정후의 부탁으로 그 30인 발기인으로 들어가게 됐고 이것이 계기가 되면서 장정후의 배후인 북쪽과 간접적으로 연결이 되어있

---

11) 위의 책, 251~252면 참조.
12) 위의 책, 256~257면 참조.
13) 이호철, 《문·물은 흘러서 강》, 2001, 새미.

다는 혐의로 기소된 것이다. 그리고 개헌청원 백만인서명 운동이 신문 지상에 보도되면서 세상은 차츰 소용돌이 속으로 휘감겨 들어가고 조 치법 1호가 발동되면서 그 길로 곧장 장정후씨는 갇히게 되고, 그도 가 택연금 조치되었던 것이다. 그리고 며칠 뒤에 주인공 '그'도 연행되는 데 그것은 일년 전 그가 일본에 갔을 적의 움직임에 장정후를 연결지 을 수 있다면 저간의 장정후의 작업을 몽땅 북쪽의 사주에 의한 남한 전복음모라는 쪽으로 몰아갈 수 있기 때문이다.

> 그러나 졸업증명서는 어디까지나 졸업증명서지, 이것이 어찌하여 『한성』지와 연결이 되어야 하는가. 객관적인 정황으로서도 그러했거 니와, 심정적으로도 이 점은 『한성』지 측에 대해 여간 송구한 것이 아 니었다. 수사당국으로서도 이 점은 가장 주안점이었을 것이다. 『한성』 지나, 그 잡지를 발행하는 구성인원들이 반국가사범이라는 사실을 뒷 받침할 이렇다 할 물적 근거가 없던 마당에, 그 원강고급중학교 졸업 증명서는 일단 맞춤한 것으로 떠오르긴 했으나, 그러나 그것도 『한성』 지와를 연결시킬 실마리는 안 잡히는 것이다. 그 열쇠를 잡고 있는 것 이 이를테면 그였다. 그의 입이 열리는 여하에 따라서 결판이 날 문제 였다. 더구나 여기에 장정후 씨까지 연결시킬 수 있을 땐 수사당국으 로서는 호박이 넝쿨째로 굴러 들어오는 것이 될 터이다. 원강고급중 학교 졸업증명서로 그를 북쪽과 연결시키면서, 동시에 국내의 장정후 씨와 재일 『한성』지를 여기에 같이 껴넣어 엮을 수 있게 된다면 당국 으로서야 쾌재를 부르고도 남을 판이었다.[14]

수사당국이 주인공을 연행한 직접적인 이유는 친북성향의 『한성』지 와 그 잡지를 발행하는 구성인원들이 반국가사범이라는 사실을 뒷받

---

14) 위의 책, 136~137면.

침할 물적 근거를 찾기 위해 '그'가 일본에 있는 호텔에서, 이십년 전에 북쪽에서 졸업한 졸업증명서를 받은 사실로 그를 북쪽과 연결시키고, 그와 장정후와 재일 『한성』지를 연결시키려는 것이다. 이렇게 수사당국은 잠정적인 추측을 사실화시키기 위해서 한 개인의 진실을 왜곡하고 자유를 빼앗는 것을 정당하게 생각한다. 주인공이 졸업증명서를 받은 사실은 당시의 분위기로 보았을 때 엄청난 파장을 가져올 수 있는 사건이긴 하지만, 그것은 주인공에겐 22년을 훌쩍 뛰어넘는 과거로 향하게 하는 그리움이었다.

　　당신이 말하는 뜻만큼 인정은 하겠지만, 나로선 이십이년 만에 만난 열아홉살의 나 자신을 도저히 그렇게 홀홀히 대할 수는 없었지요. 나로서는 그 현장에서 도저히 당신처럼 나갈 수는 없었습니다. 그리고 그것이 당신이 생각하듯이 국가관과 안보의식의 불철저에서 말미암은 것이라고는 난 생각하지 않습니다. …… 물론 대놓고 이렇게 말하지는 못했었다.

　　그러나 그는 열 시간 가까이 마치 고압전기에라도 쐰 듯이 온몸이 얼얼해 올 정도로 시달렸다. 야구 방망이를 든 두서넛을 포함, 근 열 명이 주욱 에워싼 속에서였다. 아직 숨기는 것이 있으니 더 털어놓아 보라는 것여싸. 그러나 그는 털어놓을 것이 없었다. 그는 안간힘을 쓰듯이 말했다.

　　"1년 전에 일본에 갔던 것으로라면 더 이상 털어놓을 것이 없습니다."[15)

주인공에게 이십이년 만에 다가오는 과거의 '나 자신'에 대한 그리움은 어떤 이념적 체제도 막을 수 없는 개인의 진실이고 그리움이다.

---

15) 위의 책, 63면.

그러나 이러한 '나 자신에 대한 해후' 조차 용인되지 못하는 현실은 긴장된 대북정책과 당체제를 수호하고자 하는 당국의 의지의 소산이라 할 수 있다. 체제 수호의 정당성은 곧 개인의 진실을 호도하여 또 다른 사실을 끌어내는데 사용되고, 잠정적인 추측만으로도 개인의 자유를 빼앗고 생명을 서슴지 않고 강탈하는 것을 정당화시킨다. 이는 법적인 제재가 정의로부터 이탈되어 횡행하게 됨으로써 개인의 진실은 한 순간에 왜곡되고 억압되었음을 의미한다. 따라서 주인공은 어떠한 명백한 정당성이나 근거도 없이 자유를 제한받는다. 이는 졸업장이라는 개인의 진실이 이념에 이용당하는 현실로 나타난다. 모든 사람은 완전한 자유를 누릴 순 없다. 자유는 전체적인 질서를 위해서, 또는 보다 더 큰 평등한 자유를 획득하기 위해서 자유를 제한할 수밖에 없다. 그러나 개인의 자유를 제한하는 데에는 어떤 분명한 정당성과 근거가 소급될 때 자유가 제한받는 것에 동의할 수 있다. 그러나 주인공의 자유가 제한 받는 것은 유신 체제와 독재에 반대하는 민주화 운동을 한 것에서부터 시작한다. 이는 다시『한성』지와 장정후씨와의 관계로 연결지으려는 색깔론으로 들어가면서 주인공의 자유에 대해 제재를 가하는 것이 정당화된다. 그러나 주인공이 2심에서 집행유예로 출옥하면서 간첩혐의는 찾지 못한다.

주인공은 감옥에 있으면서 남한의 극단적, 폐쇄적인 정치성향과 분위기를 경험한다. 이러한 현실에 대한 대립과 저항은 곧 사회적 불복종 의미를 띄면서 주인공은 정치적, 사회적으로 고립된다. 따라서 주인공은 체제에 대한 불복종이 허용되지 않는다는 것을 깨닫는다. 이는 주인공을 변호하는 변호사와 검사 등이 모두 한 통속이라고 생각하는 것에서 다시 확인된다.

주인공 외에 몇몇의 정치범들은 국사범 김정려의 힘으로 검사의 동의 하에 가족들과 면회를 하며 담당 검사 사무실의 부속실에서 갈비와 불고기 등을 먹으며 자유를 만끽한다. 그러나 이와 같은 모습에서도 주인공은 오히려 뭔가 타락하고 비속하다는 느낌에서 벗어나지 못한다.

그는 문득 대체 이게 무슨 꼴인가 싶었고, 피차간에 이런 작태가 도대체 제대로 생긴 일인지 알송달송했다. 그야, 죄질이 처음부터 중형감으로 무거웠으면 검찰 측에서도 애당초에 이런 일을 응낙했을 리가 없고, 이쪽에서도 아예 요구조차 안 했을 터이지만, 바로 그래서 그럴수록 더 무언가 피차간에 야하고 타락한 행태로 느껴졌다. 다섯 피고 모두가 지레 포식기분인 것은, 이런 자리 자체가 가져다주는 일말의 안도감도 안도감이려니와, 한편으론 과연 국가보안법 반공법 위반자들로, 이를테면 국사범들이 이래서 되는 것인지, 바로 이래서 대한민국은 자유민주주의 나라라고 하는 것인지, 거듭거듭 알송달송하였다.
김정려 여사의 저런 행태와 열변들도 밖에서 같이 어울릴 때는 몰랐었는데, 어느 구석인가 추접스럽고 비속하게 느껴졌다. 정치판 특유의, 일종의 판에 박힌 연설 억양도 그렇지만, 내용도 알갱이라고는 없이 꽤나 상투적이고 허황했다. 흔한 정치업자의 행태, 그 이상도 이하도 아니었다.-그에 비하면, 옆방 5방의 사형수 강씨 쪽은 지금 이런 자리와는 몇 천리 몇만 리 밖의 사람인가.-결국은 그날의 그 자리에서도 검사와 변호사들은 끝내는 한통속이었음을 새삼 확인하며, 맞은편의 공 변호사를 물끄러미 건너다보았다.[16]

주인공은 남한 사회의 현실이 정치체제에 대한 불복종을 허용하지 않는다는 것을 받아들인다. 그러나 감옥에서 갖는 김정려 여사의 행동

---

16) 위의 책, 160~161면.

은 하나의 정치업자의 행동으로써 현 체제에 대항하는 의식을 오히려 상투적이고 허황된 것으로 만든다. 따라서 주인공은 남한의 현 체제와 타락해가는 의식을 간첩으로 5사 5방에 갇혀 있는 강씨에 대해 존경과 신뢰에 대한 표현으로 대신한다. 그러나 강씨에 대한 존경은 강씨가 지니고 있는 고귀한 인품에 대한 감동일 뿐 북쪽 체제인 공산주의를 신봉하는 것을 의미하지는 않는다. 또한 강씨의 고귀한 인품은 공산주의 이념에 근거한 신념에서 나온 것이 아니라, 연면하게 이어져 오는 '조선 사람, 한국 사람의 해방에의 꿈틀거림, 그 큰 맥락의 한 깊은 모습에서 나타난 것'이라 생각하며 극단적, 폐쇄적인 정치논리와 사회의식에서 벗어날 것을 소망하며 진정한 자유에 대해 염원한다. 이렇게 폐쇄된 정치사회에서 주인공이 염원하는 것은 사형장에 끌려가는 강씨에게 보내는 마지막 편지에서 잘 나타난다.

권력이란 그 근본에 있어 악입니다. 어떤 명분으로 그 정당성을 내세우건, 권력이란 근본 속성에 있어 악입니다. 특히 강한 권력일수록 강한 그만큼 더 악하고, 느슨하면 느슨한 그만큼 덜 악합니다. 여기엔 예외가 있을 수 없습니다. 독재권력일수록 강한 권력이고 민주적인 권력일수록 느슨합니다. 제가 민주주의를 보다 나은 것으로 생각하는 근거가 바로 이 점입니다. 민주권력일수록 느슨한 권력이기 때문입니다.―월남해온 사람들 누구나가 그 체제에 진절머리를 쳤던 첫째 이유는 자유가 없다는 점, 곧 강한 권력, 따라서 공포였습니다. 별안간에 세상이 무시무시해졌고, 사람들마다 악마로 변했습니다. 혁명과 계급 투쟁이라는 이름 밑에, 사람 사는 세상은 일거에 그 원천적인 자연스러움을 잃어버렸습니다.―옳고 정당한 것은 이론이 아닙니다. 그것은 오직 살아 있는 현실의 모습으로만 드러나야 합니다.[17]

　주인공은 남북한의 문제는 권력의 문제라고 바라보면서 자신이 민주주의를 지향하는 것은 민주적인 권력일수록 느슨하기 때문이라고 설명한다. 또한 무엇이 옳고 정당한 것은 이론이 아니라 오직 살아있는 현실의 모습으로 드러나야 하는데, 권력이 구석구석까지 챙기려들면 활력을 잃고 뻑뻑해지지만, 통제하지 않고 내버려두면 활달하게 본래의 사람 사는 이치대로 굴러갈 것이라는 것을 설명한다. 일례로 미국 또한 군대를 이십여 년 간이나 주둔시키는 것도 본질적으로는 제국주의라는 이념적 체계에 기인한 것이지만, 그것이 사회의 자유를 담보해주기 때문에 그대로 버젓이 이어야 내려올 수 있다고 설명한다. 주인공이 바라는 세계는 이념의 대립이나 권력의 구속을 받지 않고 인간적으로 활력을 가지고 사람 사는 이치대로 사는 것이다. 따라서 주인공이 자유를 통제받고 감옥에 갇히면서도 느긋한 어조와 사변조로 모든 상황을 받아들이고 설명하는 것은 진정한 자유에 대한 열망과 소망의 의미를 깨닫고 있기 때문이며, 그러하기에 감옥에서도 강씨를 비롯한 다른 죄수들과 인간적인 관계를 만들어가며 그 속에서 자유를 누리고자 했기 때문이다. 이 때 강씨가 보여주는 강직한 면모는 '조선 사람이 지니고 있는 자유와 해방에의 큰 맥락의 한 깊은 모습'을 보여주었기 때문에 주인공이 지향하는 자유의식에 대한 향수로 작용한다. 이는 현 사회의 자유에 대한 의식에 상징적인 의미를 주며 여운을 남긴다.

3. 자본주의와 자유

　어느 사회에서건 자유는 개인의 자유를 가지고 무엇을 하느냐의 문

---

17) 위의 책, 281~283면.

제를 내포하는 개념이 아니며, 매사를 포괄하는 윤리도 아니다. 실로 자유주의자의 주된 목적은 윤리적 문제를 개인이 해결하도록 내버려 두는 것이다. 그리고 '진실로' 중요한 문제는 자유사회에서 개인이 직면하는 문제들, 이를테면 자유를 가지고 무엇을 해야 할 것인가와 같은 문제다. 그러므로 자유주의자는 두 가지의 가치를 강조한다. 하나는 사람들 간의 관계에 관련된 가치로서, 자유주의자는 바로 이 맥락에서 자유를 최우선으로 생각한다. 다른 하나는 개인이 스스로 자유를 행사하는 과정과 관련된 가치로서, 이는 개인 윤리와 철학의 영역이다. 그러나 자유에 대한 본질적 위협은 강제력이니, 그것이 군주의 손에 있건 독재자의 손에 있건 과두집단의 손에 있건 일시적 다수파의 손에 있건 간에 자유를 위협하기는 마찬가지다. 자유를 보장하기 위해서는 권력의 집중이 최대한 제거되어야 하고 제거될 수 없는 모든 권력은 철저하게 분산시키는, 견제와 균형의 제도가 요구된다. 경제행위의 조직을 정치권력의 통제로부터 벗어나게 할 때 시장은 이러한 강제력의 원천을 제거할 수 있다. 그럼으로써 경제력은 정치권력을 보강하는 대신 견제할 수 있게 된다.

또한 자유사회의 특징 가운데 하나는 개인이 사회구조의 급격한 변화를 공개적으로 주장하고 선전할 수 있다는 것이다. 사람들이 공개적으로 사회주의를 지지하고 사회주의를 위한 활동을 할 수 있는 것이 자본주의 사회의 정치적 자유가 갖는 특징이다.[18]

지난 수십년동안에 점차적으로 발전된 자본주의의 독점적 상태에 따라 인간적 자유에 대한 두 경향의 비중도 변화된 것처럼 보인다. 개인적 자아를 약화시키는 요소가 강하게 된 데 반해 개인을 강화시키는 요소가 비교적 그 비중을 상실했다. 개인의 무력감과 고독감은 증대되

---

18) 밀턴 프리드먼, 《자본주의와 자유》, 청어람미디어, 2007, 41~46면.

고 모든 전통적인 속박에서의 '자유'가 보다 더 강조되어진 반면에 개인의 경제적 성과에 대한 가능성은 희박해지게 되었다.

1) 자본주의와 이기주의

"1970년의 죽음"[19]은 자본주의 사회에서 경제적으로 풍요롭지만 어떤 이상도 뜻도 없는 사회에서 개개인들이 느끼는 허무와 고독을 유희적으로 해결하려는 서사구조를 갖는다. 하지만 유희적으로 해결하려는 무력감과 고독감은 오히려 죽음을 불러오는데, 소설의 인물들은 죽음에 대한 공포마저 유희적으로 극복하려는 왜곡된 모습을 보여준다.

이는 자유의 양면성으로 경제적으로 풍요한 조건을 이루지만 그것이 어떠한 방향과 목표를 상실했을 때에는 상대적으로 개인의 고독과 무력감을 증가시키는 결과에 대한 반증이다. 이런 무력감은 기존 세대가 보여주는 권위주의적인 성격에 대한 일종의 도피이거나, 고립화된 개인이 자동인형처럼 되어 자아를 상실하는 모습으로, 동시에 마음속으로는 자기 자신은 자유롭고 그리하여 오직 자기 자신에게만 종속되어 있다고 생각하는 것과 같은 하나의 강제적 일치에로 인도된다.[20]

"1970년의 죽음"은 삶의 목적과 방향을 잃은 젊은이들이 세상의 흔한 이치나 상식을 불식시키기 위해 모임을 만들어 죽음을 하나의 게임

---

19) 이호철, 《1970년의 죽음, 판문점 외》, 새미, 2001년.
20) 근대인에 대한 자유의 양면성을 논할 때 경제적 조건이 현대에 있어서 개인의 고독과 무력감을 증가시키고 있다. 즉 심리적 결과들을 논할 때 이런 무력감은 권위주의적인 성격에서 볼 수 있는 일종의 도피로 인도하든지, 아니면 고립화된 개인이 자동인형처럼 되어 자아를 상실하는 한편 동시에 마음속으로는 자기 자신은 자유롭고 그리하여 오직 자기 자신에게만 종속되어 있다고 생각하는 것과 같은 하나의 강제적 일치에로 인도된다.
　－에리히 프롬, 《자유에서의 도피》, 범우사, 1999, 283면.

처럼 생각하며 순번을 정해 돌아가면서 자살시도를 하는 이야기이다. 그러나 인물들이 삶에 무의미함을 느끼는 것은 이들의 부모들이 가지고 있는 삶의 관념에 연유한다. 즉, 인물들의 부모들은 월남하여 성공한 축들로 자본주의 체제에서 살아남기 위해서는 나라를 위해 어떤 이념적인 사고나 관념을 가질 필요가 없다는 것을 설득하고 강요한다.

용돈이 별로 궁하지 않다. 월 2만 5천 원(1969년 기준)을 순전한 용돈으로 공급받고 있으며 가외로도 수시로 신청하면 수시로 준다. 아버지는 그 나름으로 허무주의적인 인생철학의 소지자이고, 그 나름의 실리주의에도 철해 있다.―고향은 함흥. 왜정 치하에는 제재소와 신문지국과 큰 백화점을 경영했었는데 1·4후퇴 때에 다 버리고 제 식솔만 이끌고 월남하였다. 유도 4단에 검도 2단. 잠깐의 피난살이 뒤에 어찌어찌하다가 특무대 문관으로 들어가 쌍권총깨나 차고 다녔던 것이 새 인연이 되어 다시 거부로 등장하였다.―통일문제에 대해서도 노골적으로 내색은 안 하였지만 그 나름의 부정적인 결론을 이미 마련하고 있다.
　―"너희들도 이 점을 명심해라. 제 잇속으로 저 나름대로 산다는 것도 이 바닥에선 용기가 필요한 것이야. 관념적인 오만 가지 잡티를 사그리 부셔내고 그런 것이 침입해 들어오는 걸 완강히 막아야 한다.― 따라서 자식들도 그런 식으로 호강 일변도로 키웠고 이기주의의 덩어리로 키우고 있다. 당장 좋은 것이 좋은 것이고 당장 잘먹고 잘 쓰는 것이 유리하다는 생각으로 철저하다.[21]

실리주의와 허무주의적인 인생철학을 가진 부모 밑에서 자란 자식들은 곧 삶의 방향과 목적을 잃고 무위와 쾌락으로 점철된 잘못된 삶의

---

21) 위의 책, 20~22면.

방식을 선택하기가 쉽다.

기존의 세대는 후손에게 삶의 비전과 목적을 제시해 줄 수 있어야 한다. 분명한 목적과 의미를 상실했을 때 삶의 반향으로 가치를 잃은 무의미한 삶으로 일관할 수 있다. 그러므로 인물들 중에 의식을 지니고 있는 성보가 돈을 흥청망청 쓰는 아버지와 형님들 속에서 느끼는 것은 '어두움' 일 수밖에 없다.

> 성보가 의식적으로 느끼고 있는 그 근본의 문제, 무엇인가 자기들을 떠받들고 있는 저 밑바닥이 형편없이 무르고 까아만 어두움의 세계라는 막연한 느낌에서 노상 헤어나오지를 못하고 있다. 다만 서로가 그 문제에 직접적으로 터치하기를 꺼릴 뿐이다. 27

성보를 비롯한 다른 인물들이 무의미를 경험하는 것은 그들을 받치고 있는 기반이 되어야 하는 기존의 세대들이 자신들의 안위만을 생각하는 어두움으로 점철돼있기 때문이다. 자본주의적 체제에서는 돈의 논리에 의한 가치평가가 있을 뿐 어떠한 가치도 진실이 될 수 없다. 이로써 이들이 느끼는 것은 패배감과 상실감, 무의미함 그 이상을 넘어설 수 없는 것이다.

이러한 무의미함을 극복하기 위해서 이들은 죽음을 하나의 게임처럼 생각하며 자살시도를 한다. 이들은 '죽음을 흔한 죽음처럼 느끼지 말자는 그 점에 게임의 건전한 뜻이 있다' 고 정의를 내린다. 즉 삶의 의미를 잃은 이들에게 죽음은 하나의 돌파구로써 삶의 무의미를 극복할 수 있는 유일한 방법일 수 있는 것이다. 그러나 삶을 죽음의 방식으로 극복하려는 것은 현실에서는 그 어떤 가치나 대안을 발견할 수 없다는 부정적 전망을 의미한다. 그러나 현실에 대한 부정적인 전망과 방식은 죽음의 방식으로서도 극복 될 수 없다. 죽음을 삶의 끝이 아니라 삶의 연장선상으로 바라볼 때, 현실에 대한 기피처가 될 수 없기 때문이다.

그러나 이와 같은 무의미한 삶의 방식은 잘못된 가치와 사고의 틀을 철저하게 깨뜨리지 않으면 변화될 수 없다.

여러 인물중에 달구는 이 게임을 진지하게 받아들이며 그 자신이 생각하고 있는 진실을 지키고자 한 유일한 인물이다. 그러나 달구도 그 자신이 자살을 시도하는 것에 대한 분명과 뜻이나 확신을 지니고 있지는 못하다. 단지 순번에서 자신이 첫번째가 됐다는 것, 그리고 다른 인물들은 이 게임을 하나의 재미로 생각하지만 자신은 죽을 수 있는가, 없는가하는 중요한 문제를 자살미수를 노리며 영웅이 되고자 할 만큼 치사해질수 없다는 것이 다를 뿐이다. 이 모임을 주동한 영애가 세번에 걸쳐 자살시도를 하고 가출을 하는 등의 자살미수에 걸친 것에 비하며 달구는 영애보다는 조금 더 진실하다. 그러나 첫번째 희생양이 된 달구도 막상 죽음에 당면한 즈음하여 진지해지지 못한 의식의 일면을 보여준다.

여전히 그냥 쇼 기분이었다. 하루하루 산다는 것이 늘 임시임시의 장난 기분이었듯이 죽는다는 이 마당에 그 죽는다는 실제 행위조차 장난 기분에서 헤어날 수가 없었다. 사람들은 모두가 쇼 같은 인생을 살뿐이다, 쇼 같은 인생을 안 살려고 아무리 안간힘을 써서 그 쇼에서 헤어나올 수가 없다는 격이다. -안도 역시 쇼이기는 마찬가지다. 드디어 이제는 더 벗길 것도 없는 마지막에 이른다. 그것은 죽음이다. 그 죽음의 거죽을 벗길 일밖에는 안 남았다. 죽자 하고 마음먹는다. 그러나 그 죽음에서조차 엄숙해 질 수가 없다. 어느 진수라든가 알맹이는 안 나타나고 여전히 쇼이기는 마찬가지이다. 죽음 앞에서조차 긴장되지 않는 이 허망감, 이 무료함, 이 나태함. 시각은 겨우 5분 전이었고, 머릿속은 여전히 텅 비어 있었다. 92

달구는 자살한 시간이 다가오기 5분전까지 죽음 앞에서 긴장하기 않고, 허망감, 무료한, 나태함을 느낀다. 또한 죽음에서조차도 엄숙해지질 못하고 죽음을 하나의 쇼로 생각할 뿐이다. 삶과 마찬가지로 죽음에 임박해서도 진지해지지 못하는 것은 이들이 살아가는 삶의 테두리가 아무 뿌리가 없고 방향 없이 흘러갈 뿐이기 때문이다.

"사실은 우리가 그렇게 살아가는 거 아니니. 몸이 경중 떠 있는 셈이야. 이런 삶은 사실은 삶도 아니거든. 죽어 있는 거나 매한가지 삶이지."영애가 말했다.

"그렇긴 해. 지금 이렇게 죽어 있다는 달구나 지금 이렇게 살아 있답신 우리들이나 별로 차이점이 없는 거 아니니. 이건 우리뿐 아냐. 모두가 죽어 있는 삶이지."

–그들로서 생활다운 생활은 어디에도 찾아질 수가 없었다. 서울이라는 큰 덩어리 자체가 줄 끊어진 풍선 같은 것이다. 소속이 없고 뿌리가 없고 그렇게 방향 없이 떠갈 뿐이다. 그 속에서 아무리 안간힘을 써본들 '그 속'이라는 전제가 붙어 있는 한 한계는 분명한 것이었다. 이 사실을 사실로 확인한다는 것, 확인하지 않을 수 없다는 것, 그리하여 몸 한가운데를 퀭하게 구멍을 뚫리고, 그 구멍으로 뜨뜻미지근한 바람이 지나가고, 그렇게 바람소리나 듣고 있어야 하는 것이다.112–114

뿌리 없이 흘러가는 삶은 살아있는 것이나 죽은 것이나 매 한가지로 어떤 의미를 획득할 수 없다. 달구가 죽은 후 영애는 상희에게 자신의 꿈에 달구가 나타나 늘 똑같은 소리를 한다고 말한다. 달구는 '나는 떠들면서 죽었다'는 거라고 하는데, 그것을 영애는 '달구가 죽음을 저질러 놓고, 같은 값이면 죽더라도 이렇게 무정견하게, 무의미하게 죽을

일은 아니었다고, 단순한 장난으로 죽을 일은 아니었고, 죽는다는 게
장난이 될 수 없듯이 사는 것도 언제까지나 장난처럼 살수 없다' 라고
말한 것으로 해석한다.

모든 일의 시초이고 모임을 주동한 영애가 이러한 의식을 가질 수 있
었던 것은 달구의 죽음이 계기가 된다. 죽음조차도 장난으로, 게임으
로 생각했던 영애와 다른 인물들은 달구의 죽음을 맞이하면서 장난으
로 죽을 수 없다는 것을 깨닫고, 죽음과 마찬가지로 삶이 장난으로 살
아질 수 없다는 것을 의식한다.

그러나 인물들이 삶을 보다 더 진지하게 받아들이고 진정한 향유를
누리기 위해서는 '뿌리 뽑힘'에 대한 의식을 근본적으로 치유하고 다
른 방식으로 살아갈 때 가능하다. 그러나 이들에게 제시된 것은 곧 다
가오게 될 '1971' 년이라는 미래에 대한 기대일 뿐이다. 근본적으로 이
들의 방황은 1970년대라는 근대화, 자본화되어가는 사회에서 진정한
의미와 가치를 상실한 세태를 반영하면서 절실하게 뿌리내려지기를
희구한 것이라 할 수 있다. 이는 정작 정신적 뿌리를 내림이 없이 이기
적인 태도로 일관하는 기존 세대에 대한 비판이며 올바른 체제와 분위
기를 지향하는 바람을 나타낸 것이라 할 수 있다.

2) 자유의식의 한계

"판문점"[22]은 광명통신의 기자로 있는 주인공 진수가 납북자 문제로
남북회담을 하는 판문점에 간일을 소재로 한다. 판문점이란 남한과 북
한의 지리적인 경계선에 위치할 뿐 아니라 정치적, 이념적인 경계선상

---

22) 이호철, 《소슬한 밤의 이야기》, 1998, 청아출판사.

에 놓인 상징적인 공간이라 할 수 있다. 따라서 진수가 판문점에 가는
것은 여러 가지 상징적인 의미가 있다하겠는데, 그중에서도 진수가 초
점을 두고 있는 것은 남한과 북한에서 주장하는 '자유'의 논리라고 할
수 있다.

　진수는 우선 자유를 논하기 전에 함께 살고 있는 형과 형수와의 관계
에서 자본주의의 퇴폐적인 성향과 분위기를 모멸하는 포즈를 취한다.
형과 형수의 관계는 이념이나 윤리의식이 비어있는 공황상태에서 자
본주의 체제가 줄 수 있는 탐욕적, 이기적인 안락과 평안을 추구하는
자들의 실상으로, 진실을 찾고자 하는 진수에게 이들의 모습은 부정적
으로 그려질 수 밖에 없다.

　"내일 판문점 구경 가게 됐어요." 하고 어제 초저녁 형님에게 말하자,
　"뭐, 판문점? 글쎄, 가는 것은 좋다만 조심해라." 형님은 이렇게 긴
치 않게 받았다.
　"을씨년스럽지 무슨 구경이 되겠어요. 끔찍스러워." 하고 급하게 웃
저고리를 걸치고 난 형수가 형님을 흘끗 쳐다보며 한마디 했다. 웃저
고리를 갈아입은 형수에게서는 방 전체에 떠도는 화장품 냄새와 더불
어 약간 야한 냄새가 났다. 필요 이상으로 도사연해서 앉아 있는 형님
에게서도 비슷하게 역겨운 것이 풍겼다.
　"끔찍스럽기 무엇이 끔찍스러워." 형님이 형수를 향해 괜히 눈을 부
릅뜬다.
　'옳지, 저렇게 위엄을 부리는구나. 좀 전에 굉장히 사랑을 했는가보
군. 괜히 쓰윽, 내가 있으니까.'
　-사실 형님에겐 치사한 구석이 있다. 형수와 조카는 끔찍이 사랑하
고, 어머니나 자기를 두고는 집안에서의 제 처신, 마땅히 해야 할 제
도리같은 것만 우선 생각한다. 그리고 그 처신이나 도리는 적당히 작

위적인 진지성을 수반하기가 일쑤이다.[23]

　진수는 형과 형수의 관계가 자연스럽지가 않고 역겨운 느낌으로 다가온다. 그것은 근본적으로 형이 보여주는 사고방식과 생활방식에 대한 부정적 의식의 소산이라 할 수 있다. 형은 진수가 판문점에 다녀온 일에 대해 형식적으로 질문을 할 뿐 그러한 문제엔 전혀 관심이 없다. 또한 어머니가 돌아가신 후 조카의 네 돌을 맞이하자, 회사 전무 부부를 불러 마루에 밀가루를 뿌리고 전축을 돌려 춤을 추며 조촐한 파티를 열 정도로 자본주의 사회에서 누릴 수 있는 안락함과 쾌락을 흠씬 즐기는 스타일이다. 따라서 이러한 형에게 진수가 느낄 수 있는 것은 이역감 즉 이질적인 느낌이라 할 수 있는데, 이러한 이역감은 한 집에 사는 형과 형수에게 거리감을 느끼는 것에서 시작하여 판문점이 주는 이역감으로 다르게 다가온다. 진수가 느끼는 이역감은 다시, 함께 버스를 타고 가는 외국인 기자들의 웃음소리와 잡담에서 또다른 이역적인 분위기로 변모된다. 그러나 진수가 판문점에서 느끼는 이역감은 형과 형수에게서 느끼는 이역감과는 다른 것이다. 남한과 북한의 경계선상에 놓인 판문점은 남한에서 가질 수 없는 긴장과 남한체제에서 벗어날 수 있는, 또 다른 의미의 자유가 놓여 있는 장소이기 때문이다. 따라서 진수는 판문점을 생각할 때 느끼는 이역감의 실체를 판문점에서 만난 북한 여성과의 대화에서 분명하게 깨닫는다. 그것은 북한 체제와 남한 체제가 갖고 있는 근본적인 이념적 차이를 깨닫는 것에서부터 시작하여 사고의 과정, 인식의 방법까지 완전하게 다르게 나타난다. 북한 여성과의 이야기의 시작은 북한여성이, 진수와 함께 간 '안경잡이'가 나이많은 북한 여성을 누님이라 호칭하며 너스레를 떠는 것을 보고

---

23) 위의 책, 70~73면.

타락한 징조라고 생각하며 거부하는 것에서부터 시작된다. 진수는 이러한 논리는 '어떤 개개의 양상을 객관적인 큰 기준과의 관련 속에서만 포착하여 판단하고 평가하는 사고'의 논리에 연유한다고 대변한다. 어떤 분위기가 완숙의 경지에 이르러서 익어터질 때, 이를테면 타락의 징조라는 게 나타난다고 하는데, 타락의 징조라는 것은 당사자의 경우에선 적당히 감미롭고 졸음이 오듯이 고소하고 팔다리를 주욱 펴고 있는 것 같은 것으로 개인의 행복한 관련된 것이라고 종용한다. 그러나 북한 여성은 '어떤 큰 가능성에 대한 큰 지향이 있어야 하고, 모름지기 자신이 살고 있는 사회를 총체적으로 포착해 큰 결론을 만들어내는 것이 필요하고 이것이 현실의 정곡'이라고 생각한다. 북한 여성이 주장하는 가능성과 큰 지향은 전체 사회가 일괄적으로 나아가야 할 커다란 틀이라고 할 수 있다. 진수는 자신이 살고 있는 남한 사회에서 이와 같은 큰 가능성과 지향을 가질 수 없음을 깨닫는다. 하지만 그는 이와 같이 사고적인 것에서 벗어난 진정한 자유를 누리는 것에 대해 한층 생각의 깊이를 더해간다. 즉 이념의 경계선상에서 선택할 권리는 일반인들에게 주어져야 하고 그 사람들에게 선택한 기회와 자유를 주어야 한다고 생각한다. 그러나 북한 여성은 진수의 자유의 논리에 대해 신념과 윤리의 의미로 역설한다.

"신념의 문제지요. 자유는 허풍선과 같은 허황한 것일 수가 없어요. 자유의 진가는 그 사회 나름의 일정한 도덕적 규범과 인간적 품위와 결부가 되어서 비로소 제대로 설 수 있는 거지요. 자유 이전에 정의가 있어요. 그렇지 않으면 자유는 이용만 당해요. 빛좋은 개살구지요. 우리 모랄의 기본이 뭣인지 아세요? 우리 민족의 나갈 바 큰 방향이야요. 개인은 거기 제대로 째어들어 있어야만 해요. 그 속에서 자유야요. 결국 이념이 문제겠군요. 당신의 생각은 나태 그것이야요. 타락되고 싶다는 말밖에, 놀고 싶다는 말밖에 아니야요. 자유에 대한 옳은 인식도 없고, 일정한 이념도 없고, 있는 것도 그날그날의 동물적인 희뿌연 자기밖에 없어요. 비트적거리고 주저앉고 싶은 자기 ……”

“그럼 자기를 팽개치고 무엇이 남아요. 놀고 싶고 적당히 나쁜짓하고 싶은 자유란 최고급이지요. 사람은 원래 그렇게 생겨먹었어요. 그것을 크낙한 관용으로써 받아들일 수 있는 사회가 있어요. 부피와 융통이 있는. 그런 것이 적당히 용서가 되면서도 전체로 균형이 잡혀 있는. 참, 어느 것이 허풍선이냐 따질까요? 자기조차 팽개쳐버린 이념덩이가 허풍선이냐, 그렇지 않으면 적당히 자기를……”

“있지요, 있구말고. 사람이 지니고 있는 내면의 부피와 깊이는 한이 없어요. 당신들은 사람도 어떤 효율의 데이터로만 간주하고 있어요. 당신들 사회에서 옳다 그르다 하는 그 기준이 대개 짐작이 되는데, 일면적이 거지요.”[24]

북한 여성이 주장하고 있는 자유의 논리는 민족이 나아갈 큰 방향, 즉 모랄, 윤리의식을 전제로 한다. 또한 자유의 논리는 자유 이전에 정의의 개념이 서 있으므로, 자유의식은 도덕적 규범과 인간적 품위와 강하게 결부되어 있다고 한다. 따라서 이러한 윤리의식아래서는 타락이나 나태의 모습은 죄가 될 수 있고, 있을 수 없는 썩어빠진 모습이라 할 수 있다.

북한 여성이 주장하는 자유의 논리는 공산주의라는 이념적 커다란 틀이 지니고 있는 윤리의식이라고 할 수 있다. 그러나 이들이 간과하고 있는 것은 인간의 내면적인 성품과 깊이에 대한 불충분한 이해이다. 그들은 또한 사회주의가 정향(orientation)과 현실의 체계에 대한 인간의 욕구를 충족시켜 주어야 할 뿐만 아니라 인간은 어떤 존재이

---

24) 위의 책, 88~89면.

며, 인간의 삶의 목표와 의미는 무엇인가 하는 문제도 다루어야 한다. 그것은 혁명(노동자 국가, 역사적 지보 등)에 기여하는 것이 선(善)이다"라는 공허한 구호보다는 윤리적 규범과 정신적 발전을 위한 기초여야만 한다.[25] 따라서 사회주의 이론가들이 해야 할 일은 인간 욕구의 성격을 연구하는 것이다. 즉 인간을 더욱 생동감 넘치게 하고 감수성이 풍부하게 하는 '참된' 욕구와 인간을 나약하게 하고, 더욱 수동적이며 게으르게 하고, 물질에 대한 탐욕의 노예가 되게 하는 자본주의에 의해 생성된 '조작된' 욕구를 구별할 수 있는 기준을 제시해야만 한다.[26]

따라서 북한 여성의 발언에 진수가 주장하는 것은 사람이 지니고 있는 내면의 부피와 깊이에 대한 것일 수밖에 없다. 그러나 하나의 나라가 건강하게 발전할 수 있는 것은 근본적으로 도덕과 정의가 전제된 상태일 때 가능한 것이다. 또한 도덕적 규범과 기준이 분명하고, 총체적으로 나아가야 할 방향이 분명할 때 인간의 본성이 타락과 나태에서 벗어날 수 있게 된다. 이와 같은 비전이 제시되지 않을 때엔 진수가 형과 형수의 관계에서 느끼는 이역감 처럼 타락과 나태의 모습으로 점철될 수밖에 없다. 따라서 북한 여성이 주장하는 자유의 개념이 인간의 본성을 무시한 한계를 지니고 있듯이, 진수가 자본주의 체제에서 느끼는 자유는 총체적인 질서와 비전을 잃어버린 이역감을 갖게 하는 한계를 지니고 있다. 인간의 자유가 인간 내면의 부피와 깊이만을 중심으로 두고 어떠한 윤리적, 정의적인 제도를 갖추지 못한다면 진정한 자

---

25) 에리히 프롬, 《불복종에 관하여》, 범우사, 1996, 77~78면.
　　마르크스주의적 사고에 유용하기 위해서 심리학은 이러한 심리적 자용들의 '진화'를 인간의 욕구와 인간이 속해 있는 사회적·역사적 현실 사이의 계속적인 상호작용의 과정으로 보아야만 한다. 이것이 바로 사회심리학의 시초이다. 결국 이것은 '비판적인' 심리학, 특히 인간의 의식에 대한 비판적인 심리학이어야 한다.
26) 위의 책, 88면.

유를 누리는 것은 불가능하다. 인간의 본성상 어떤 제도적인 큰 틀과 비전이 제시되지 못하면 타락의 길로 들어서기 쉽기 때문이며, 자유가 제한되었을 때, 보다 큰 의미의 자유가 보장되고 안전을 누릴 수 있기 때문이다.[27]

따라서 북한 여성과 진수가 주장하는 자유의 개념은 둘 다 한계점을 가지고 있는 것으로 이들의 의견이 접목됐을 때에 진정한 의미의 자유가 획득될 수 있다.[28]

진수는 판문점에서 북한 여성과 이와 같은 얘기를 나누다가 소나기를 피하기 위해 북한 여성의 손을 잡고 지프차에 올라와 문고리를 채운다. 그리고 북한 여성의 손을 잡고 이념의 얘기 대신 개인적인 질문을 하며 남한과 북한이라는 이념적 체제가 주는 규범에서 벗어난 기분을 느끼며 북한 여성에게도 그와 같은 기분을 느끼라고 한다. 지프차를 탄 것은 곧 남한이나 북한 어느 곳으로도 선택해서 갈 수 있는 것으로 상징화된다. 이와 같은 것을 진수는 자유, 즉 고삐를 풀어 팽개친

---

27) 무엇보다도 먼저 기본적 자유들은 하나의 전체로서, 하나의 체계로서 고려된다는 것이 중요하다. 대체로 봐서 보다 큰 자유가 바람직하다는 것은 사실이지만 이것은 일차적으로 자유의 전체적인 체계에 있어서 그렇다는 것이지 어떤 특수한 자유에 있어서 타당한 것은 아니다. 자유들이 제한을 받지 않는다면 이들은 분명히 서로 충돌하게 마련이다. 질서를 위한 규칙은 우리가 말하고 싶을 때 말하지 못하게 함으로써 자유를 제한하긴 하지만 그러한 규칙은 이러한 자유가 가진 이익을 얻기 위해서 필요한 것이다. 존 롤즈, 앞의 책, 219면.
28) 이에 사회주의 이론가들은 휴머니즘적인 사회주의의 목표가 '소비적 인간'의 창조에 있는 것이 아니라, 전인간의 완전한 발전에 기여할 수 있는 생산 양식의 산업 사회를 만드는 데 있으며, 사회주의 사회는 인간 존재가 나아가고 발전되기에 적합한 산업 사회여야 한다는 사실을 잊어서는 안된다.
또한 에리히 프롬은 자본주의 사회에서 지향하는 생산 그자체가 억제되어야 한다는 것이 아니라, 일단 어느 정도의 개인적인 소비 욕구가 충족되면 그때에는 학교, 도서관, 극장, 공원, 병원, 공공 교통 수단 등과 같은 사회적 소비 수단의 생산으로 옮겨 가야 한다는 것이다. 고도로 산업화된 사회에서 계속적으로 늘어나는 개인적 소비는 경쟁, 탐욕, 질투가 사유 재산에 의해서만이 아니라 끝없는 개인 소비에 의해서도 야기된다는 것을 의미한다. 에리히 프롬, 《불복종에 관하여》, 88면.

연후에 겨우 남는 자유라고 말하지만, 북한 여성은 이런 말은 여전히 썩은 소리이고 썩은 냄새이므로 경계해야 한다며, 자신은 그래야 한다면 체제에서 벗어날 수 없음을 말하며 울기 시작한다. 북한 여성은 진수의 말에 흔들리지만 그녀 자신이 말했듯이 그와 같은 것을 내팽개칠수는 없는 것이다. 그녀 스스로는 이념이 명료하게 뒷받침되어 있는 상태의 자기이기 때문에 이념을 팽개쳤을 때엔 그녀 자신도 사라질 수밖에 없다는 것을 의식한다. 그녀는 오히려 진수가 북에 가기를 설득하지만 진수는 이념만이 무성한 북한에 가는 것보단 타락과 나태한 분위기가 감돌지만 인간적인 본성과 깊이를 이해하는 자본주의 체제에 남는 것을 선택함으로써 진정한 의미의 자유란 이념적 틀에 근거를 두고 있는 것이 아닌, 인간 본성의 이해와 깊이를 전제로 한 자유로운 현실세계에서 이념적 체제와 윤리규범이 뒤따라야 함을 역설한다.

4. 자본주의 구조와 한계

"자유만복"[29]은 작은 사립고등학교 선생인 김영식이 피라미 구조로 돈을 버는 이야기를 모티브로 한다. 학교는 교장사모님이 증권파동 직전에 큰 돈을 벌어, 역시 증권으로 망한 사람이 경영하던 학교를 인수한 곳이기 때문에 교장사모의 권력은 절대적이다. 그 예로 선생들 월급을 두 세달 밀리는 것은 기본이며, 월급을 줄 때에도 재단 이사장인 교장사모님이 흰 옥양목 치마저고리 차림으로 운동장 안까지 자가용을 타고 들어와 선생들을 한두명씩 불러내 핸드백에서 흰 봉투를 꺼내

---

29) 이호철, 이호철 중·단편소설, 〈자유만복〉,《1970년의 죽음·판문점 외》, 새미, 2001.

어 주는 방식으로 자기의 세를 과시한다.

학교에는 재단이사장으로 있는 교장사모님 외에 학교의 이사들 또한 장사를 하거나 증권으로 벼락부자에 올라선 뜨내기들이다. 따라서 이들은 교장사모님과 마찬가지로 교육계에 몸담고 있는 것을 명분으로 삼을 뿐, 이념이나 교육의 현실에는 관심이 없다. 따라서 학교에서 이사회가 있던 날 이들은 다같이 모였을 때 학교 운영 상황을 보고해도 하나같이 골치 아파해 하는 반면에 원효로 2가에 5백 평의 땅이 났다는 말에 일제히 집중하며 반색을 하다가 세상 돌아가는 얘기를 하며 요리를 시켜 상을 두드리며 노래를 하는 작태를 매해마다 보여주곤 한다.

그러나 선생들은 이런 모습에 심란한 얼굴을 할 뿐이며 교장사모님이 한명씩 불러내어 굴욕적으로 월급을 주는 것에도 별다른 반응을 보이지 못하고 오히려 더 굴종적으로 굽혀 들어갈 뿐인데 그것은 자신들의 위치나 정당성을 따지는 것보단 먹고사느냐 마느냐가 무엇보다 중요하기 때문이다. 그러므로 김영식을 비롯해서 다른 선생들도 어떻게 하면 돈을 많이 벌까가 대화의 핵심이 되고 결국은 자본을 가지고 투기를 해야 한다는 것에 결론을 내린다.

　"첨 덕성상회 그 애는 자네 그 학교 이사라며? 자주 만나기는 만나겠구먼." 김영식은 약간 난처한 듯이 쓴웃음을 짓고 간단히 얼버무렸다.

　"만나지, 이사장하구 증권 때 안 개비더군. 이사라지만 실속은 없구 명색뿐이여. 이른테면 명함용이지." 이렇게 덕성상회 험담을 늘어놓다가 또 어차피 결론은, 이 세상은 실력보다 운이고, 성실보다 기회이고, 찬찬한 일보다 투기사업이 제격이라는 쪽으로 의견이 모아졌다. 기면 기, 아니면 아니, 한 번에 결판을 내어야지 구질구질하게 밤낮 현재의 분수에 안주해 있어 가지곤 백년하청이다. 그저 돈 대고 돈 먹

기다, 사주팔자 잘 타고나든지 관상 잘 타고나든지 해야 한다 ······.

그러나 김근필은 비로소 본론을 꺼냈다. 사실은 3백 16원 들여서 잡
으면 10여만 원 땡을 잡고, 잃으면 3백 16원만 손해를 보면 되는 기막
힌 것이 있다는 것이다. 김영식이 솔깃한 눈짓을 하자, 김근필은 볼펜
을 꺼내서 수첩에다 그림까지 그려가며 설명을 하기 시작했다. 그리
고 벌써 지갑에서는 웬 쪽지 한 장을 꺼내 놓는 것이었다.[30]

김영식은 학교 이사로 있는 '덕성사회' 때문에 학교에 취직이 될 수
있었다. 김영식이 덕성상회에게 장사밑천 얼마를 꾸려고 하자 거절을
하며 자신이 이사로 있는 학교에 취직을 시켜준 것이다. 김영식과 덕
성상회는 상고 동창생이면서 군대 동료로서, 덕성상회가 늘 찾아다녀
서 친분이 유지되었던 사이였는데 덕성사회가 증권통에 돈을 벌면서
관계 양상이 달라져 또다른 인물인 김근필은 해병대 장교이면서 동창
생으로 김영식을 아랫사람 보듯 태도가 달라져있는 상태이다.

김영식처럼 덕성상회가 증권으로 돈을 벌고 사람이 달라진 것을 혐
오한다. 그러나, 역시 이들도 덕성상회가 돈을 번 것을 부러워하며 투
기에 관심을 갖게 된다.

김영식은 김근필이 설명하는 투기사업이 일의 성격상 사기성이 깊은
것임을 알면서도 그 점 때문에 자기에게도 횡재가 떨어질 가능성이 내
포되어 있음을 직감하고 하기로 한다. 김영식의 생각에 '어차피 이 바
닥에서의 사업이라는 것이 따지고 보면 어슷비슷한 것으로 증권만 해
도 복 터진 몇 사람은 벼락부자로 횡재를 하고 수다한 서민층은 몽땅
깝쓸리는' 구조를 지녔다고 생각하며 자신의 그 횡재한 축에 들어서고
자 투기를 하기로 마음먹은 것이다. 김근필이 제시하는 투자라는 것도

---

30) 위의 책, 349면.

일명 들은 일이 있는 '다이아몬드계'로 자신에게 떨어져 있는 서류를 넉 장만 다른 사람에게 쓰게 하면 그 네 사람이 또 네 사람을 쓰게하고, 이렇게 반복되면서 10만원의 돈이 떨어질 수 있다는 것이다. 이에 김영식의 것은 해병대 장교인 김근필이 세 장을 대신 써주고 김영식은 학교 한문선생에게 나머지 한 장을 쓰게 한다. 한문 선생은 육십이 가까운 노인이면서도 혈색 좋고 별반 늙지도 않아보이는데 그 이유가 이 영감님 처세의 제일조가 요긴한 대목에서 둔화시켜 받아들이기 때문이다. 한문선생은 자신과 직접적인 관련이 없는 사람에게는 떵떵 큰소리깨나 치며 호연지기를 부리지만 잇속과 직접 관련이 되면 본시가 깐깐하게 굴면서도 굴종하는 이중적인 성격을 가지고 있다. 따라서 김영식과 마찬가지로 돈을 투자한 후 한문선생은 두달이 지나가면서 결과가 생기지 않는 것에 김영식을 보채다가, 아침부터 돈이 떨어진 것으로 마누라와 한바탕을 치룬 김영식에 의해 눈과 가슴팍을 여러대 맞으면서도 연신 자신이 잘못했다는 말만 반복할 뿐이다.

그러나 김영식의 집에 100원씩 들어있는 봉투가 수십장씩 계속하여 배달되면서 김영식은 실제적으로 횡재를 하게 되고 한문선생도 동일하게 횡재를 한다. 김영식은 이제 믿는 구석이 있으므로 교장사모님한테 월급을 받을 때도 저자세가 아니라 당당한 모습으로 받는 등 태도가 돌변한다. 돈이 들어오면서 아내와의 관계도 한결 달라지는데, 김영식의 아내는 돈이 들어오는 것에 들떠 이 축제의 기분을 살리기 위해 거리를 돌아다니며 돈이 주는 자유로움을 누려보려 애쓰지만 저녁에 돌아올 때에는 늘 지쳐서 들어오곤 한다.

하지만 정작 주변은 자기의 이 축제 기분을 뒷받침해 주지 못하였다. 대관절 어찌 된 셈판이가. 그 울긋불긋하고 화려하게 거리에 팽배

해 있던 자유는, 자기가 누릴 만하게 되자, 미끄덕거리며 손 틈으로
다빠져나가 도망을 갔다는 말인가. 한길도 그렇고 한길 가의 집집도
그렇고, 어떤 곳엔 대낮 가로등이 호젓이 켜져있기도 하여, 말할 수
없이 쓸쓸하였다. 사람들은 활기에 차 있는 것이 아니라 지쳐있는 모
습들이었다.—그리하여 자빠져 누운 자유에서는 독버섯이 자라고 있
다. 자유를 누리다가 누리다가 지친 사람들은 끝내 육신이 결단이 나
고 두 손만 허부적거리며 자빠져 누운 자유 위에 시체가 되어 뻗는다.
사람들은 태초와 같은 표정으로 그 곁을 떼를 지어 지나간다. 그들은
제각기 흥분해서 돌아가지만 무엇을 두고 흥분하는지 스스로도 알 수
가 없었다. 그들은 자유라는 것과는 애초에 상관이 없는 것 같았다.
그녀도 매일매일 지쳐서 집으로 돌아오고는 하였다.[31]

　　김영식의 아내가 느끼는 자유는 다른 사람들과 함께 공유할 수 없는
자유로움이다. 거리 곳곳에는 삶에 지친 쓸쓸한 사람들로 가득차있을
뿐이다. 사람들 또한 김영식의 아내처럼 자유를 찾아서 돌아다니지만
거기에는 끝내 '육신이 결단이 나고 두 손만 허부적거리는 자빠져 누
운 자유 위의 시체가 되어 뻗는' 형상이 있을 뿐이다. 거리는 외양만
요란할 뿐, 다같이 함께 공유할 수 있는 자유나 활달함은 찾을 수 없
다. 대부분이 김영식과 김영식의 아내처럼 돈을 좇는 자유를 찾아다니
기 때문에 피곤하고 지칠 뿐이다. 따라서 이들이 찾아다니는 자유는 진
정한 자유일 수 없다. 그에 대한 반증으로 한문선생은 돈으로 '몰아닥
치는 자유'를 별반 누리지도 못하고 너무 놀라 뇌일혈로 변소에서 쓰러
져 죽게 되고, 김영식 부부도 어느 선에서 등기우편이 고비를 넘고 줄
어들기 시작하면서 부부관계는 다시 짜증과 싸움으로 일관되고 이들의
마음도 지쳐 '물빠진 개흙바닥처럼 너저분' 하게 변할 따름이다.

---

31) 위의 책, 368면.

자유는 그것을 향유하는 자들의 정신적, 육체적 기쁨과 함께 제도권 안에서 또다른 가치를 창출하는 형식이 될 때 보다 의미가 있을 수 있다. 그러나 김영식 부부가 추구하는 자유와 방식은 단순한 자본을 투자하여 받는 수익에서 오는 것으로 경제적인 가치를 창출할 수는 있을 망정, 그것으로 인하여 생기는 이익을 어떠한 방식으로 풀어가야 하는지에 대한 비전이 없고 단순히 소비적으로만 편향되었기 때문에 그것의 끝은 지치고 '물빠진 개흙바닥처럼 너저분' 하게 변할 따름이다. 그러나 학교 이사들 또한 대부분이 투자방식에 의해 벼락부자가 되었고 김영식이 자신의 가난한 환경에서 벗어날 수 있는 방법으로 사기성이 강한 투자방식을 선택할 수 밖에 없는 것은 '돈과 자본' 만이 신분 상승과 미래를 약속하는 자본주의의 모순된 구조를 인식했기 때문이다. 그러나 인물들은 그것에 부응해서 살아야만 하는 한계의식을 보여준다.

자본주의 체제에서의 개인의 한계의식은 "밀려나는 사람들"[32]에서 조금 더 범위를 넓혀 사회구조적으로 접근하는 모습을 보여준다. 자본주의 체제에서 개개인들은 총체적인 어떤 큰 가능성이나 지향의식을 갖지 못하고 중심에서 빠져있는 양상을 띠고 있다.

이러한 면모를 단적으로 드러내는 인물이 정순구씨와 그 부인이라고 할 수 있다. 정순구씨 부부는 착한 성품과 어눌함으로 애시당초 야무진 서울사람들 틈바구니에서 생활 할 수 없는 인물들로 평가된다. 따라서 무엇을 하든 결국엔 변두리로 밀려나는 삶을 살 수 밖에 없는데, 이러한 삶은 정순구씨가 군대가기 전부터 시작되어온 삶이다.

군대가기 전 고모네 집에서 얹혀살던 정순구시는 1963년 도시 미관과 개발에 밀려 강제철거를 당하면서 외곽지대인 목동으로 이주했었

---

32) 이호철, 이호철 중 · 단편소설, 〈밀려나는 사람들〉, 《1970년의 죽음 · 판문점 외》, 새미, 2001.

다. 그때 정순구씨는 마침 군에 들어가 그 참담한 생활은 모면했지만 고모네 식구들은 최근까지도 불편한 생활을 감수하며 그곳에서 살았는데, 20년만에 다시 그 그곳에서 이주하라는 정부방침이 있었다고 한다. 이후 군에서 제대한 후 무허가 판잣집이 양성화되면 땡을 잡고 철거되면 따라지가 된다는 소문에 무허가 만큼의 액수로 거래를 하여 판잣집을 얻었다. 결국 판잣집은 철거가 되고 아파트 분양권은 팔면서 정순구씨네는 이 근방에서 돈다고 한다. 이 후 돌아다니며 천막장사를 하다가, 점포를 차려 하는 천막집을 따라잡지 못해 접고 중고품 고물상을 차렸지만 제품과 유통이 고도화되면서 그런 고물이 생기지 않게 되어 그것도 그만두고, 다시 현재 하고 있는 과일가게를 접고 고물처리장을 차리는 상황에 이르렀다. 정순구씨 부부네 현재 하고 있는 과일가게가 잘되지 않는 것은 착하고 부지런한 성품은 지니고 있지만 잇속과 요령이 빠져있기 때문이다.

그 집의 저간의 경위를 아내에게서 뒤늦게 들으며 비로소 나도 차츰 호기심이 일었다. 그 과일가게라는 것도 가다오다 관심 있게 들여다 보았다. 그러고 보니까 아닌게아니라 사람으로 친다면 우둘투둘하게 생긴 정순구 씨를 고대로 닮은 헌털털이 짐차 하나가 더러는 가게 앞에 서 있기도 하였다. 그리고 가게 골은 어느 구석이 곡 어떻다고 집어 낼 수는 없지만 깔끔하지가 못했다. 큰 양푼 몇 개에다 되는 대로 가뜩가뜩 괴어놓은 과일들 진열해놓은 솜씨도 꽤나 엉성하고, 같은 사과에, 배에, 홍시도 어쩐지 며칠씩 묵은, 반 썩은 것처럼 보이고 신선해 보이지가 않았다. 그리고 그런 것들도 어쩐지 그 부부의 사람됨의 일단을 내보여주고 있었다. 그지없이 착하고 남달리 부지런하기는 한데 도무지 잇속이라고는 없이 착해빠지고 부지런한 것도 요령이라고는 없이 종일 녹초가 되도록 산지사방으로 싸돌아다니기만 하는 사

람이라는 느낌이었다.[33]

정순구씨 부인은 추석 대목을 앞두고 물건을 들여놓기 위해 글쓰는 직업을 가진 화자 '나'의 아내에게 30만원을 빌려가는데, 추석을 불과 이삼일 앞두고 근처에 젊은 형제가 과일가게를 하나 차리게 되면서 큰 타격을 받는다. 젊은 사내들은 '둘이 가게 안팎에서 정력적으로 뛰고 노상 마른 수건으로 과일을 닦아 사과며 포도송이며 밤알이며 늘 참기름을 처바른 듯이 아른아른하게 윤기를 내어 여간 싱그러워 보이지 않았고' 이에 그 집은 가게를 차리자마자 벌써 재미를 보고 있었다.

이에 정순구씨는 늦은 밤 졸음운전을 하다가 새로 차린 과일가게 집을 들이박는 교통사고를 낸다. 정순구씨는 화자와 술을 먹는 사이 그 사고가 고의가 아니었냐는 질문에 놀라며 자신의 마음을 털어놓는다.

"글쎄, 그렇게 딱 집어서 물어오니께, 저도 잘 모르겠시유. 아무튼 며칠 동안 그 댁이 미워서 잠도 못 자겠더라니께유. 누구에게 내색을 할 수도 없고. 하필이면 코앞에다 같은 가게를 차릴 게 뭣이래유. 사람들이 야박하기가 ……. 이쪽 사는 형편을 모른다면 모를까, 번히 아는 터수에 ……."

"그러니까 분명히 마음먹고 한 짓은 아니지만 아무튼 고의적으로 ……."

정순구씨는 여기서 조금 뜸을 들였다.

"뒤에 결과를 놓고 정황을 따져보니께 그렇게밖에 결론이 나들 않긴 하겠더먼유. 조금 졸았던 건 사실이고. 그래, 맞아유. 지금 다시 분명히 그 순간의 일이 생각나는데, 차가 오른쪽으로 지나치게 휘이는 것 같아서 갑자기 운전대를 왼쪽으로 틀었는데, 그때 바로 그 과일가

게가 보이더먼유. 그러구, 그 다음은 모르겠이유. 그저 와장창하는 소
리에 확 기분이 상쾌하고 열나게 좋기만 하더먼유. 세상 하나가 온통
무너지듯이, 그렇게 기분이 좋을 수가 없더라니께유. 뒤엔 삼수갑산
에 갈망정, 그 당장은 그놈들이 잠자는 안방으로까지 차대가리를 디
밀어놓고 싶더구먼. 결국은 그렇게 되질 않았지만.”[34]

　착하던 정순구씨가 새 과일가게를 들이받은 것은 집 바로 앞에 과일
가게를 차린 것에 대한 분풀이였다고 할 수 있다. 정순구씨가 새 과일
가게를 들이받으면서 느끼는 감정은 ‘확 기분이 상쾌하고 열나게 좋기
만 한 것으로 세상 하나가 온통 무너지는 듯한’ 통쾌함이었다. 그러나
그 결과 정순구씨는 손해입은 과일값을 다 물어주고 그곳에서 과일가
게를 접어야만 했다. 정순구씨가 느끼는 통쾌함은 단순히 새로 생긴
과일가게에 대한 울분으로 한정되진 않는다. 정순구씨가 과일가게를
덮침으로써 세상 하나를 온통 무너뜨리는 듯한 쾌감을 갖는 것은 자신
을 변두리로만 내몰고 가는 세상과 사회에 대한 반감을 표출한 것이라
할 수 있다. 그러나 정순구씨가 통쾌함을 느끼고 일순간 회복될 수 있
는 방법이 파괴적인 형식이라는 것은 현실에서 사회적 약자와 대중을
위한 정책이 존재하지 않는 것에 대한 비판이라고 할 수 있다. 이에 화
자는 문제의 핵심이 새 과일가게에 있는 것이 아니라 사회구조적인 면
에 있음을 짚고, 차라리 그렇게 차로 들이받을 바에야 과일가게가 아
니라 새로 많이 올라서는 20여 층짜리 빌딩이나 그 비슷한 데를 들이
받지 그랬냐며 농담조로 말한다. 그러나 정순구씨는 ‘그래본들 그쪽은
끄덕도 없고 자신만 깨지고 웃음거리만 된다’며 문제의 핵심을 잘 이
해한다. 이에 사회구조적인 문제에 대한 해결책으로 화자 ‘나’는 ‘혼

---

34) 위의 책, 527~528면.

자서는 그런 꼴이 되기가 쉬우니까, 비슷하게 사는 사람들이 서로 짜고 한꺼번에 일어나' 행동을 하면 어떻겠냐고 제시를 한다. 이에 정순구씨가 두 눈을 커다랗게 벌려 뜨고 '선생님이 다년간 반(反) 뭐라나 그런 속에 끼어 있었다는 소릴 더러 이웃 풍문으로 들었다'며 놀라워하므로 이야기는 더 이상 진행되지 못하고 화자 '나' 쪽에서 이야기를 가로막는다.

화자 '나'는 정순구처럼 순박한 사람도 사회의 문제를 '소위 문자로써, 혹은 이념이라는 형태로써, 그렇게 관념의 형태로써는 모를망정 문제의 핵심은 나름대로의 직감으로 알고 있다'는 것을 깨닫는다. 그러나 그에 대한 반응이 중요한 것인데, 정순구씨는 20층짜리 빌딩을 들이박는 것 대신 자신과 그다지 다르지 않은 형편의 작은 과일가게를 들이받는 것과 같은 농민, 소농적 속성을 그대로 지니고 있는 것이다.

아직도 농민이군, 소농적 속성을 그대로 지니고 있어. 저런 속성은 도시로 편입될 때 처음에는 변두리 서민으로 끼여들어서 차츰 소시민으로 함몰되어 버리거든. 요컨대 아직도 농민들이야. 개개로 흩어져 있는 사사 농민. 역시 사람들은 그 사는 사정만큼의 의식이나 발상에서 멀리 벗어져나오기는 정녕 힘든 것인 모양인가. 설령 벗어져 나온다고 하더라도, 그때는 또 금방 현실과 괴리된 아집이나 관념으로 치닫기나 하고.

아니, 지금 나 자신부터가 그런 팍팍한 틀에 매여가고 있는 것이나 아닐까. 현실에 접근하는 대충의 시각과 그에 기초한 큰 테두리의 관점이 있을 뿐이지, 분명하고 정연한 해답은 금방 경색되고 도식으로 떨어져버린다. 해답은, 끝내는 결과로서만 나타나는 어떤 것이다.

그렇다. 이러고 저러고 생각하는 것은 결국은 생각이다. 끝내는 사람들 사는 구체적인 현장으로, 싱싱한 현장으로 돌아와야 한다. 그리

하여 결국은, '현실이야말로 가장 엄정한 존재이고 정확한 표현'인 것
이다.[35)]

정순구씨가 사회의 구조적인 문제에 보여주는 반응은 소농적 속성,
소시민적 속성에 다름 아닌 것이다. 소농적, 소시민적 속성은 '개개로
흩어져 있는 사사 농민'으로 그 살아가는 방식이나 의식에서 멀리 벗
어날 수 없는 한계점을 지니고 있고, 설령 그것에서 벗어나온다 하더
라도 그것은 현실과 괴리된 아집이나 관념으로 치달을 수 밖에 없는
한계를 지니고 있다. 그러나 이러한 반응은 정순구씨 뿐이 아니라 글
을 쓰는 지식인이라 할 수 있는 화자 '나'에게도 적용되어 그 자신조차
도 이러한 '팍팍한 틀에 매여가면서 현실에 접근하는 시각과 관점은
있다할지라도 그 정연한 해답을 제시하지 못하는 한계'를 지니고 있는
것이다. 화자 '나'는 결국 '현실이라는 가장 엄정한 존재' 때문에 한계
를 넘지 못한다고 생각한다. 화자 '나'가 생각하는 것처럼 현실을 넘지
못하는 것은 현실적으로 자본주의 사회구조가 개인의 힘으로 넘어설
수 있는 체제일 수 없기 때문이다. 그러나 정순구씨에게 제안한 '비슷
하게 사는 사람들'이 한꺼번에 덤비는 방법은 개인의 틀을 깨고 조금
더 적극적으로 나아갈 수 있는 하나의 방법일 수 있다. 그럼에도 화자
'나'가 이러한 방법을 더 부각시키지 않는 것은 자본주의 체제에서의
사회구조는 결국 사회구조적인 조정과 규제의 방법에 의해서만이 변
화될 수 있고, 자본가들의 이익창출이 곧 사회로 환원되는 구조를 가
지고 있지 않는 이상 어떤 대안도, 공고의 선도 있을 수 없기 때문이라
고 할 수 있다. 따라서 화자 '나'는 소시민적 근성에 사로잡혀가는 정
순구를 찾아온 것 보단, '차라리 요즘 뜨겁게 불타고 있는 목동 현장으

---

35) 위의 책, 529면.

로 가서 그 현실에 접하면서' 현실감을 생생하게 접하는 것이 더 좋았을 것이라고 후회를 한다. 이는 사회구조에 대한 비판이나 어떤 행동을 하는 것 대신 현실에 안주하는 또 다른 형태이다. 하지만 화자가 목동현장에 가서 현실을 접하고자 하는 것은 근본적으로 사회구조적 문제는 현실 속에서 해결되어야 함을 깨달았기 때문이다. 즉 '생각의 사변'으로서 끝내는 것이 아니라 '구체적인 현장으로, 싱싱한 현장'으로 돌아와 현실 속에서 문제를 이해하고 다시 한번 문제를 고찰하려는 것에서 보다 실제인 해결방식이 담겨있기 때문이라고 할 수 있다.

IV 이념과 세계의식

 자본주의는 분명 이데올로기다. 우리 각자나 국가는 나름대로 독특한 이데올로기를 표방할 수 있다. 이데올로기란 한 주의 주장에 편향된 사상을 말한다. 이른바 '주의'(ism)라는 사상적 표현이 이에 속한다. 우리 사회는 많은 주의 주장이 있다. 이 가운데 민주주의, 자본주의, 사회주의, 공산주의는 대표적인 이데올로기이다.

민주주의는 국민이 주인이 되는 정치체제로 국가의 주권은 국민에게 있고, 국가권력은 국민으로부터 나오는 정치체계를 말한다. 보통은 선거를 통해서 국가권력이 정당성을 가지게 된다. 민주주의와 상반되는 것은 주권이 국민에게 없는 군주주의나 전제주의이다. 우리는 흔히 공산주의를 민주주의와 반대되는 개념으로 이해하지만 민주주의는 정치체제에 관한 것이고, 공산주의는 경제체제에 관한 것이어서 초점이 다르다.

자본주의, 사회주의, 공산주의는 경제체제에 관한 것으로 경제체제에 대해 어떤 입장을 보이느냐에 따라 다르다. 자본주의는 생산수단을 소유한 자본가가 이윤획득을 목적으로 노동자로부터 노동력을 사서 상품생산을 하는 경제체제이다. 즉, 자본을 통한 이윤추구를 목적으로 한다고 해서 자본주의라는 말이 쓰이게 된 것이다. 마르크스는 자본주의라는 말 대신 자본가적 생산양식이라 불렀다. 자본주의는 일반적으로 사유재산제를 그 기초로 하고 시장경제질서에 의하여 움직이는 경제체제를 말한다. 자본주의의 특징으로 자본의 자유화, 즉 사유재산제도를 들 수 있으며 자본, 노동 등 모든 생산단위는 시장경제질서에 의하여 움직이는 것을 수단으로 삼고 있다. 최근 자본주의라는 단어를 사용하기보다 자유경제라는 단어를 선호하고 있다. 이것은 사회적 계획경제에 대한 반의어로 자유로운 시장경제를 중시하고 있다. 자본의 자유로운 흐름을 중심하고, 노동도 상품화함으로 개인주의경제라 불리기도 한다.

자본주의와 반대되는 개념으로 사회주의와 공산주의를 들 수 있다. 자본주의의 모순이 발견되면서 반발로 나온 것이 사회주의이고, 이를 엄격하게 만든 것이 공산주의다. 사회주의는 경제체제의 개인주의에 대한 반대 개념으로 등장한 것이다. 자본주의에서는 자본이든 노동이든 모든 생산단위가 모두 개인에게 속하며, 개인의 이익을 위해 움직인다. 그래서 개인주의라고도 한다. 이런 자본 등이 특정 자본가계층에 집중됨으로써 부의 편중이 심화되는데 대한 반발로 나온 것이 사회주의다. 사회주의는 생산수단을 사회가 소유하고 사회가 관리함으로써 자본주의가 가지는 모순들, 곧 자본의 집중에 따른 부의 편중, 노동의 착취, 실업과 빈곤의 증가 등을 해결해보고자 한다.

공산주의는 사회주의 가운데 한 부분이다. 그렇지만 사회주의와 공산주의가 같은 내용을 가진 것은 아니다. 사회주의가 생산의 사회화를 통해 자본주의의 모순을 해결하려고 한데 비하여 공산주의는 생산의 사회화 또한 공산주의로 가는 한 수단으로 보고 있다. 그러므로 공산주의는 생산의 사회화뿐만 아니라 분배에 있어서도 공평을 요구하며, 사유재산제도를 전면으로 부정하고 공유재산제를 실시함으로써 빈부의 격차를 완전히 없애는 것을 그 목적으로 하고 있다. 사회주의가 가장 충실하게 나타난 것을 공산주의라고 할 수 있다. 공산주의는 사회주의를 바탕으로 하고 있지만 공유재산 제도를 통한 빈부격차의 완전한 해소를 목적으로 하고 있어 사회주의 차원을 넘는다.

사유재산제도를 바탕으로 한 자본주의는 공유재산 제도를 바탕으로 한 공산주의와 이념과 체제가 달라 융화하기 힘들다. 그러나 공유재산 제도까지는 주장하고 있지 않고 있는 사회주의와는 어느 정도의 절충이 가능하다. 사회주의를 수용함으로써 자본주의에 잠재하고 있는 내재적 모순을 어느 정도 치유할 수 있기 때문이다. 현대 자본주의 국가들 상당수가 순수한 자본주의가 아닌 수정된 사회주의, 즉 자본주의와 사회주의가 결합한 사회적 시장경제질서를 채택하고 있다. 개인의 소유를 인정하면서 일부 산업에 대해서는 법적 차원에서 사회적으로 제약을 가하는 것이다. 우리나라도 이 제도를 취하고 있다.

사회주의나 공산주의는 개인만 잘 살기보다는 같이 잘 사자는 운동으로, 개인의 소유권을 부정한다. 같이 잘 살자는 생각이 나쁜 것은 아니다. 그러나 공산주의는 이런 생각을 사회체제에 강요하면서 공산주의에 저해되는 요소를 과감히 척결하고자 한다.[1]

1. 자본주의와 인간의식

프롬은 사회 경제적인 변화가 인간에게 미친 영향을 17~18세기와 19세기 및 20세기의 세 가지 단계로 구분한다. 먼저, 제 1기인 17~18

---

1) 양창삼, 〈포스트모던 시대의 자본주의 위상 재검토〉, 《사회이론》, 한국사회이론학회, 2006, 통권 제 30호, 12~15면.

세기는, 생산 수단이나 기술이 아직도 원시적인 상태에 머물러 있고 사상적으로도 중세의 윤리관이 윤리를 어느 선에서 견제함으로써 인간적 존엄이 유지되던 시대로 보고 있다. 다시 말하면 사회나 경제는 아직도 인간을 위해 있는 것이지 인간이 그들을 위해 존재하는 것은 아니었다. 그러나 19세기에 들어오면서 자본주의는 전폭적인 승리를 거두고 인간은 패퇴하고 있는 것이다. 자본주의는 물질적으로 보아 이제 인간이 희구하던 바를 실현시켜 주는 것처럼 보였으나 그 이면에서는 노동자는 거리낌 없이 착취당하고, 인간은 사회의 중심에서 밀려났으며, 생산의 목표는 사용하기 위한 것이기보다는 이윤을 위한 것이었다. 그러나 19세기의 자본주의는 20세기의 그것에 비하면 아직도 소규모의 사적 자본주의요, 이 시기의 인간의 성격 유형은 動儉貯蓄하는 貯藏志向的인 것이었다. 그러나 이 같은 전세기의 자본주의는 20세기에 들어오면서 그 양상을 전혀 달리하고 있다고 프롬은 지적한다. 사실 금세기의 자본주의는 전세기의 관점에서 본다면 가장 완전한 것처럼 보이나 물질적 풍요, 정치적 성적 자유에도 불구하고 금세기의 중엽은 19세기보다도 훨씬 병들어 있다는 것이다.

그것이 기술적으로 가능한 것이기에 무언가 하지 않으면 안 되고, 또 최대의 능률과 생산을 해야만 한다는 두 개의 원리에 의해 움직여지는 20세기의 기술화된 대중사회는 (1) 새로운 에너지원의 개발로 이미 자동화의 단계에 이른 기술상의 혁명, (2) 고도의 자본 집중과 소유와 관리의 분리, (3) 독립적이고 자영적인 기업가의 감소와 이로 인한 대규모 공장의 종업원의 증가, (4) 구중산 계급의 몰락과 신중산층으로서의 화이트 컬러의 증가 및 (5) 소비를 경제의 원리로 해야 할 정도의 생산의 기적과 이로 인한 소비욕의 증대를 위한 새로운 산업의 생성이라는 경제적 사회적 특색을 나타내고 있다. 따라서 이러한 사회는 사회와 전혀 마찰을 일으킴이 없이 사회에 적절히 적응하고 사회의 요구에 부응하는 수용지향, 시장지향적 성격을 가진 인간 유형을 필요로 하게 되는 것이다. 그리하여 현대사회의 인간은 이제 어떻게도 걷잡을 수 없는 심각한 소외에 직면하게 되었다. 프롬은 현대사회의 소외 양사을 정치적 종교적인 생활, 관료제를 중심으로 한 사회 구조적인 측면, 노동과 소비라는 경제적 활동을 통해서 나타난다고 본다.

우선 정치적인 측면에서 현대인은 전시대가 확보해 놓은 정치적 자유와 권리는 물론 이를 충분히 행사할 수 있는 물질적 안락을 누릴 수 있게 되었다. 그러나 문제는 이 같은 객관적인 여건에도 불구하고 그들이 공민으로서의 시민적 기풍을 점차 몰각해 가고 있음은 이미 양식 있는 사람들 간에 널리 알려진 사실이다. 그리하여 그들이 나찌즘이나 파시즘을 우상을 안치한 제단처럼 섬겨왔고, 또 섬기고 있음은 우리의 현대사가 이를 증언해 주고 있는 것이다. 다시 말하면 현대의 대중은 그들의 죄의식을 보전해주고 안전을 확보해 주기만 한다면 그것이 어떠한 이데올로기나 또는 특정한 국가 · 법률 · 질서 · 지도자에게도 쉽사리 동조하여 안주하는 구위주의적 도피를 일삼게 되는 것이다. 그리하여 그들은 이제 불복종과 회의의 능력을 갖춘 '호모 네건스 homo negans' 로서의 속성을 완전히 상실한 하나의 자동인형으로 전락하게 된 것이다.

그러나 현대사회에 있어서 가장 두드러진 소외 양상은 관료제 가운데서 나타나고 있다고 프롬은 보고 있다. 이미 관료제란 말 자체를 체제의 소외된 형태로 이해하고 있는 그에게 있어서는 그것은 정부기구에만 국한된 것이 아니라 산업체 · 종교생활 · 정당 및 교육기구 등에서도 팽배해 있다는 것이다. 오늘날에 있어서 사회조직이나 기구가 대규모적으로 집중화되어 관료제화하고 있음은 널리 알려진 사실이다.

그리고 이 같은 관료제란 모든 명령이나 암시 · 계획 등이 피라밋과 같은 계층제의 정상에서 기저로 전달되는 일방통행의 것으로서 거기에는 그 어떠한 자발성이나 책임감도 있을 수 없으며, 이러한 관료제체 내에서의 인간은 개성을 가진 인간으로서보다는 컴퓨터에 펀칭해 넣을 수 있는 케이스에 불과하다고 프롬은 보고 있다. 따라서 관료화된 정부나 공기업은 이렇다 할 내외의 규제를 받음이 없이 언제나 서로 쉽사리 야합할 수 있으며 이러한 관료조직 속의 인간은 로보트처럼 쉽사리 조작될 수 있는 조직인으로 전락해 버린다는 것이다.

더우기 이같은 조직인은 프로이트의 거세공포에 맞먹는 고립과 추방의 공포를 죽음보다도 두려워하기에 그들은 매스 미디어의 신호를 무제한으로 받아들이는 자동인형으로 바뀌게 된다는 것이다. 그리하여 그들은 패션 잡지의 스타일을 따르고, 독서 클럽이 추천하는 책을 읽으며, 심지어는 결혼상태자의 결정을 컴퓨터에 맡기기도 한다고 프롬은 지적하고 있다. 한편 사회경제적인 측면에 있어서 20세기 자본주의의 변모 가운데서 가장 두드러진 것은 현대인의 노동과 소비생활 가운데 나타나는 소외 양상이라 하겠다. 일반적으로 금세기 이전의 노동은 중산계급에는 하나의 의무로서, 그리고 재산을 갖지 못한 자들에게는 강제된 노역이란 의미로 쓰여졌다. 그러나 오늘날의 노동은 이제 원자적인 관리체계의 가락에 맞추어 춤추는 경제적 원자단위로 바뀌어져 버린 것이다. 그리고 인간 노동은 기계에 의해서는 수행될 수 없는 행위를 수행하는 것으로 바뀌어 버린, 즉 기계에 부수되는 기계의 대용물이 되어 버렸다. 노동에 대한 인간의 이 같은 수동적 자세는 그들의 또 다른 경제 활동의 하나인 소비의 영역에서도 적나라하게 나타나고 있다. 그리하여 현대인에게 있어서 소비는 이제 하나의 권리이기보다 의무로서 주어지게 된다. 특히 그것은 모든 욕망은 그 어떠한 욕구도

좌절당하지 않도록 즉각적으로 충족되어야 한다는 프롬의 이른바 비좌절의 원리와 결합되어 현대인을 인간적으로 무력하나 소비자·구매자로서는 절대적인 호모 컨주멘스로 변모시킨다는 것이다. 더우기 최근 사유하는 기계로서의 컴퓨터의 출현은 인간으로 하여금 그의 생명력 뿐만 아니라 인간적 사고까지도 포기하게 만들었다. 따라서 이러한 시대의 인간의 사고유형은 기껏해야 수량화·추상화·비교로 일관됨으로써 양이나 수의 증대가 바로 진보로 인식될 뿐 질적 내용은 무시하게 마련인 것이다.

프롬은 이러한 자본주의 사회에서 발생할 수 있는 소외문제에 대해 정치적 경제적 제도를 포함한 사회 제도의 근원적인 개혁과 이성을 통한 현실의 각성을 강력히 요구하고 있다. 즉 그는 현실적인 제도가 그 정당성을 상실한 경우에는 이는 부분적이거나 미봉적인 방법으로서가 아니라 근원적이고도 전폭적인 방법에 의해 무제한으로 개혁되지 않으면 안 된다고 주장하고 있다. 그러나 여기서 문제가 되는 것은 이미 근원적이 아닌 부분적인, 미봉적인 치료로서는 그 치유가 불가능할 정도로 심각하게 소외된, 그리하여 곧 로보트로 화해 버릴 오늘날의 인간이 어떻게 이처럼 병든 사회의 개혁에 적극적으로 참여할 수 있을까 하는 점이다. 물론 그는 바로 이러한 시점에서 현실적인 환상에서 해방된 인간의 이성적 사고에 호소하고 있는 것이다. 즉 인간은 소외를 극복하기 위해 그의 에고·욕망·이기심 등과 같은 소유에의 집념에서 벗어나 그의 인간적인 능력을 회복하지 않으면 안 된다고 주장하고 있다. 다시 말하면 물질적 소유보다 심리적 건전성의 소유가 절대적으로 우선한다고 주장하면서 이 같은 건전성은 인간이 인간으로서의 정수를 과시할 때, 즉 생산지향적 성격이 표출되고 또 그것이 사회 제도에 의해 적극적으로 유도될 때에만이 구체적으로 나타나는 것으로 보고 있다. 따라서 극도로 소외된 현대사회에 대한 프롬의 비판은 결국 경제적이기 보다 심리적이며 그의 새로운 사회에 대한 구상이나 과정 도 결국 윤리적이고 심리학적인 것에 더 큰 강점을 두고 있음을 부인 할 수 없을 것이다.

더우기 인간은 적당한 조건이 주어지면 평등·정의·사랑의 원리에 의해 움직이는 사회질서를 수립할 능력을 갖고 있다는 주장 가운데서 보이는 인간에의 깊은 신조, 소외와 개인의 지적 발전과정을 거친 뒤 의 해방은 한층 더 높은 수준의 순수성에의 복귀다. 왜냐하면 이러한 순수성에의 복귀는 인간이 그 자신의 순수성을 잃은 후에야 만 가능한 것이기 때문이다.[2]

"서울은 만원이다."[3]는 산업화와 근대화를 이루어가며 자본주의 체 제를 드러내는 60년대 중반의 시대의 모습을 적나라하게 그려낸다. "서울은 만원이다"는 도시가 주는 소외 현상과 의사 소통의 단절을 인 물들의 관계를 통해 점차 드러낸다. 그것은 서린동 뒷골목에서 방 한 칸을 세들어 몸을 파는 길녀와 다른 남자들의 관계를 통해 드러난다. 길녀는 예닐곱 명의 남자들과 관계를 갖는데, 남자들이 길녀에게서 원 하는 것은 자신의 욕망을 채워주는 것 뿐이다. 이러한 욕구는 길녀의 서린동 집을 찾아와 돈을 매개로 해서 즉각적으로 얻어낼 수 있다. 따 라서 남자들과 길녀의 관계는 돈에 의한 매매일 뿐 그 이상의 관계를 요구하지 않는다. 이러한 관계는 남자들과 길녀를 모두 소외시키며 서 로를 무력화시킨다. 이러한 관계는 길녀가 좋아하는 남동표와도 동일 하게 적용된다. 길녀는 남동표에게 특별한 돈을 받지 않고도 관계를 가질만큼 정을 두고 있는 인물이지만, 남동표는 천성적으로는 착하나

---

2) 정문길, 《소외론 연구》, 문학과 지성사, 1984, 168~194면.
3) 권택영, 《서울은 만원이다·보고드리옵니다》작품해설, 한국문학 대표작선집 18, 문 학사상사, 1994.

허풍과 사기성이 있는 인물로 길녀와의 관계를 진실하게 생각하진 않는다. 오히려 길녀와의 관계를 이용해서 길녀의 첫 순정을 빼앗은 기상현으로부터 돈을 훔쳐내기까지 하며 길녀의 마음을 마지막까지 배반한다. 이러한 물질로 형성되는 소외된 관계는 인간적인 면모까지 모두 포기하게 만드는데, 그것은 길녀와 두 피부 비뇨기과 의사와의 관계를 통해 나타난다. 비뇨기과 의사는 길녀의 손님중에 하나였는데 길녀와 우연히 선을 보게되면서 비뇨기과 의사는 길녀를 자신의 병원에 데려온다. 그러나 비뇨기과 의사와 친구 의사는 밤마다 약속이나 한 듯 길녀를 번갈아 가며 취한다.

「이러지 말아요, 엄연히 주인이 있는 …….」
후에 생각하고 스스로도 웃음이 나왔지만, 이렇게 말하였다.
「뭐 주인? 이거 왜 이러니?」
이쯤 되면 사람의 탈은 썼지만 사람들도 아니었다. 짐승이요, 개돼지만도 못한 자들이었다. 임균, 매독균, 잡균만도 못한 자들이었다. 오냐. 이 개돼지들아, 놀대로 놀아 보아라, 길녀도 악을 쓰듯이 고스란히 당해 주었다. ―이틀날부터 길녀는 두 주인에게 교대 교대로 몸을 바치었다. 피부 비뇨기과는 둘 다 사십이 가까운 주제에 아직 미혼인 모양이었다. 맞대 놓고 독신주의자임을 운운하고, 그 잇점을 서로 보충해 가며 늘어놓고는 하였다. ―뭐니뭐니 해도 사람이면 사람을 통해서 사람을 배우고, 사람을 통해서 세상을 배우고, 결국은 그렇게 사람을 통해서 이 세상을 살아가는 자기 나름의 방법을 터득하게 마련인가 보았다. 참말로 두 피부 비뇨기과의 노는 꼴을 곁에서 보고 있자니 이 지경까지 된 세상이 여러 소리 복잡하게 늘어놓을 것도 없이 알만하였다.[4]

---

4) 위의 책, 302~303면.

밤마다 길녀를 번갈아 가며 취한다는 것은 이미 세상이 타락할 대로 타락한 것을 상징한다. 이러한 관계는 자본주의 체제가 빚어낸 인간성 상실의 한 모습일 수 있다. 최후의 보루로 남아있어야 할 '진리를 탐구 한다는 사람, 머리에 뭐 좀 들었다는 사람, 공부깨나 하고 책깨나 읽었 다는 사람'의 축에 들어가는 비뇨기과 의사도 더하면 더했지 더 타락 한 모습을 보여줌으로써 길녀는 세상이 온통 이런 세상이 된 모양이라 고 생각하게 된다. 이러한 모습은 비뇨기과 의사가 말하는 자유주의자 이며 정치가라는 친구의 얘기에서도 잘 드러난다. 그 친구는 밥은 굶 어도 자유 없이는 못사는 사람이라지만, 그 또한 여간 술고래가 아니 고 장안에 이름 있는 기생치고 이 사람을 거치지 않은 기생이 없고, 출 마를 했을 때도 선거 기간만은 근신을 하더니 당선이 되고 나서는 방 탕한 생활을 계속하는, 정치가의 모습에서도 자유에 대한 진지한 고민 이나 사고는 드러나지 않고 오로지 방탕한 생활 일변도로 치닫는 행태 를 보여줄 뿐이다.

따라서 자본주의 체제에서 드러나는 자유는 곧 그 체제가 지니고 있 는 자본의 힘으로 말미암아 인간의 소외와 방탕한 자유를 드러내기 쉽 다. 그것은 인간이 심리적으로 물질적인 것에 매이고 소외를 경험하게 되면서 더 많은 물질을 소유하고자 하는 욕구와 함께, 물질을 소유하 면 할수록 더 많은 자유를 누리기 위해서 자유를 누리되, 인간적인 능 력을 잃어버렸기 때문에 방탕한 자유 속에 자신을 놔둘 수밖에 없는 것이다.

길녀는 이미 인간성을 상실한 두 비뇨기과 의사에게서 벗어날 때 캐 비닛에 있는 20만원을 가져간다. 길녀가 비뇨기과 의사에게 기대한 것 은 의미 있는 관계는 아니었지만, 길녀가 이 둘의 행태를 통해 커다란 실망감을 느끼는 것은 그녀가 몸을 파는 일을 하긴 했지만, 단골들과의 관계를 통해서 약간이라도 인간적인 면모와 명맥을 유지하며 관계를 만들어왔었음을 이해할 수 있다. 그러나 이들의 관계의 밑바닥을 들여다보며 길녀는 이들을 통해 세상을 읽게 되고, 그녀 또한 이들처럼 그 어떤 것에도 가치를 두거나 의미 있는 삶을 지향할 수 없다는 것을 깨닫게 된다.

그러나 길녀는 비뇨기과 의사들처럼 타락하지는 않았다. 그것은 길녀가 비뇨기과 의사와 동거를 하기 전 다른 인물들간의 관계에서 드러난다.

길녀는 자신이 세를 살았던 서린동집 영감의 후처로 들어가지만 남동표를 잊지못해 서린동집 영감의 집에서 나오게 된다. 서린동집 영감은 돈으로 길녀를 첩으로 들이지만 길녀는 남동표에 대한 그리움때문에 그곳에 더 이상 머무르지 못한 것이다. 이로써 길녀는 돈과 안락을 보장하는 생활에서 정과 사랑이라는 가치를 향해 나아간다. 그러나 남동표도 길녀를 좋아하긴 하지만 길녀를 책임지지 않으려한다. 성매매를 하는 길녀가 오히려 관계의 진정성과 의미를 생각하는 반면에 정상적인 사회생활을 하는 남동표와 다른 인물들은 길녀에게서 어떠한 의미있는 관계를 요구하지 않는다. 오히려 의미 있는 관계란 길녀의 성을 욕망하는 모습으로 빚어질 뿐이며, 이러한 욕구가 좌절될 때에는 또 다른 성을 찾으며 길녀를 잊음으로써 길녀에게 깊은 사랑따위는 보여주지 않는다. 그것은 서린동집 영감이 길녀를 잃고나서 복실 어멈이라는 새로운 여성과의 관계를 형성하면서 길녀를 금방 잊어버리는 모습으로 조명된다.

길녀는 결국 세상이 돌아가는 이치를 파악하면서 그녀 자신도 그 속에서 주저앉을 것 같다는 생각을 한다. 그것은 기상현이 시골에 있는 길녀에게 보내준 편지를 읽고 나서 든 생각에서 잘 나타난다.

　　한때 저는 제가 처음으로 다친 당신을 마지막까지 책임을 질 것이라
고 생각했었는데, 당신이 내 곁을 피해서 간 이후는 당신이 참말로 저
를 싫어할는지도 모른다고 생각을 달리 먹게 되었습니다. 그후 당신
이 겪는 일과 걸어간 일은 여러 가지로 가슴이 아프고 분한 마음이지
만, 그것도 저는 제 미진한 덕으로 생각하고 저 자신에게 채찍을 들고
싶은 심정이고 매질을 하고 싶은 심정입니다.[5]

　　길녀의 순결을 깨뜨린 기상현은 길녀에 대한 책임감으로 길녀와 결
혼 하고자 찾아다닌다. 하지만 길녀는 기상현에게 어떠한 정도 느끼지
못함으로써 인간관계가 책임감이나 의무감에 의해서 만들어질 수 없
는 것임을 깨닫는다. 이는 길녀가 몸을 파는 일을 하면서도 그녀 자신
의 감정에 대해서만큼은 당당하고 그 누구보다도 솔직하게 자신의 감
정을 들여다볼 줄 아는 능력을 가지고 있음을 의미한다. 그럼에도 자
신의 주변과 세상을 이해하면서 '대강 그렇게 주저앉을 것 같다'는 생
각을 함으로써 그녀 자신이 추구하는 '사랑'이 조금씩 무너져가고 있
음을 보여준다. 이는 부산에서 우연히 만난 남동표와 여관에서 함께
지내다가 길녀 스스로 남동표를 떠나는 모습으로 표출된다.

　　스스로 생각해도 분명치는 않지만 무언가 본질적으로 흐느꼈다. 이
때까지 살아오던 차원과는 다른 차원으로 넘어가고 있다고 생각되었
다. 그 다른 차원이란 어떤 차원인지 길녀 스스로 알 수는 없었다. 한
시간 가량 울던 길녀는 갑자기 새침하게 가라앉는 표정이다가, 자기
백에 넣었던 칠만 원을 도로 남동표 가방에 넣어 두고 방을 나왔다.
그길로 곧장 역으로 나가서 서울행 차표를 끊었다. 기차를 타고 길녀
는 또 눈물을 찔끔거렸다.[6]

---

5) 위의 책, 365면.

남동표는 길녀를 만나 반가워하며 자신이 하는 금융사업이 잘 되고 있어, 이제는 부산에도 지사를 두게 되어 부산에는 지사 조직차 장기 출장으로 내려오게 됐다며 거짓말을 친다. 그러나 이제 길녀는 남동표가 하는 거짓말을 예전처럼 좋게 받아들여주지 않는다. 길녀는 남동표가 거짓말을 하더라도 ‘예전에는 더러 실감나는 소리도 있었고, 아무리 허황된 소리를 해도 어느 구석 늠름한 여유가 있어 보였는데, 지금의 남동표는 그렇게 보아서 그런지 눈빛도 조금 이상스러워 보일’ 정도로 남동표의 실체를 깨닫게 된 것이다.

> 회사에서 액수는 얼마 가량인지 알 수 없으나 돈을 가로채서 이렇게 부산으로 도망을 와서 보약까지 달여 먹고 거드럭거리지만, 스스로 생각해도 앞일이 한심할 것이 아닌가. 기상현에게 일부는 물어준 모양이지만, 그 일부라는 것이 얼마인지도 알 수가 없고, 어느 정도 수중에 돈을 가지고 있을지 모르지만 앞날을 생각하면 생각할수록 미치고 환장하지 않을 도리가 없을 것이다. 이 돈 떨어지는 날은 곧 마지막일 것이 아닌가. 길녀는 가타부타 말이 없었지만 일순간 남동표를 건너다보는 눈길에 또 그 모멸의 빛이 어리었다. 이런 사람과 한때 울고불고, 마음만은 착한 사람이다, 착한 사람이다, 하고 생각했던 것이 어이가 없기도 하였다.[7]

길녀는 자신을 좋아는 하지만 진실한 면이 상실된 남동표의 실체를 깨닫게 되면서 길녀 스스로 처음으로 남동포에게서 떠난다. 길녀는 세상이 돌아가는 이치를 파악하며 길녀 자신이 세상에 맞설 자신을 잃는다. 하지만 길녀가 가지고 있는 진실성은 사람과 세상의 진실을 파악

---

6) 위의 책, 416면.
7) 위의 책, 413면.

하는 힘이 되어, 남동표라는 허구적인 인물에게서 벗어나고자 하는 욕
망을 갖게 만든다.

　작가는 길녀라는 성매매를 하는 한 여성의 시각을 통해 물질적, 성적
관계로 치닫는 자본주의 체제에서 길녀와 길녀와 관계된 인물들의 소
외를 드러냄과 동시에 극복해가는 과정을 보여준다. 길녀를 둘러싼 인
물들은 길녀를 성적인 대상으로만 생각하기 때문에 결국 그 성적인 관
계에 의해서 그들 자신도 소외를 당하게 되며, 인간성의 상실을 경험
하게 된다. 그러나 길녀는 그들과의 관계에서 인간적인 면목을 놓치지
않고 끝까지 잡고 그것의 진실을 좇으려 함으로써, 성적 관계에서 소
외되었던 자아와 진실을 찾아내게 된다. 길녀는 부산에서 남동표와 우
연히 만나면서 남동표의 실체를 정직하게 바라볼 수 있는 눈이 뜨인
다. 길녀는 남동표에게서 진실이 사라진 소외된 관계가 아니라 그녀와
그와의 관계가 회복될 수 있는 또 다른 가치를 찾았다. 하지만 길녀는
남동표에게서 자신이 마지막까지 붙잡으려 했던 사랑의 관계의 진정
성을 찾을 수 없었다. 길녀는 남동표에게 실망하고 그의 실체를 깨닫
게 됨으로써그에게서 벗어나기로 결심한다. 길녀가 남동표에게서 벗
어나는 것은 어떠한 사람, 어떠한 관계에도 진실이 존재하지 않는 시
대적인 상실감을 드러낸 것이라 할 수 있다.

　그러나 길녀가 마지막까지 남동표에게서 찾으려 했던 가치는 진정성
이 있는 인간관계이다. 마지막 순간까지 남동표에게서 찾고자 했던 사
랑과 진실에 대한 탐구는 결국 소외되고 상실한 인간성을 회복할 수 있
는 유일한 길로 제시된다.

2. 공산주의와 인간의식

마르크스는 자기소외의 극복은 자기소외와 꼭 같은 과정을 밟게 된다고 지적함으로써 소외의 극복이 소외화의 역과정을 거치게 됨을 명백히 하고 있다. 따라서 자본주의 사회에 나타나는 소외의 극복은 소외구조 가운데서 이 소외의 근본적인 원인을 형성하는 사유 재산과 분업을 폐기하는 데서 출발하지 않으면 안 된다는 것이다. 그리하여 그는 이 같은 사유 재산 제도의 폐기를 추구하는 운동을 공산주의라 지칭하고 이 공산주의를 세 개의 단계로 구분하고 있다. 이 단계의 공산주의에서는 사유 재산의 지배가 너무나 심각하여 모든 것은 만인에 의해서 점유되지 않으면 안 되고 점유될 수 없는 인격이나 재능과 같은 것은 무시되거나 부정될 수밖에 없는 것이다. 그리고 공산주의의 제2단계는 類的 존재가 소외된 형태로 나타난 국가나 소외된 노동의 근본적 원인인 사유 재산이 아직까지도 불철저하게 지양된 단계이다. 다음으로 마르크스는 전술한 2개 단계의 공산주의와 구별되는 그 자신의 공산주의관, 즉 사유 재산과 인간의 자기 소외가 적극적으로 지양됨으로써 인간의 類的 생활이 구현되는 공산주의의 최종적 단계를 다음과 같이 말한다. '인간의 자기 소외로서의 사유 재산이 적극적으로 지양되고 그리하여 인간을 통한, 인간을 위한 인간적 본질의 현실적 획득으로서의 공산주의는, 따라서 사회적인, 즉 진실로 인간적인 인간으로서 인간의 의식적으로 생겨나고, 또 지금까지의 발전의 모든 성과의 내부에서 생겨나는 완전한 자기귀환으로서의 공산주의다.' 사유재산을 적극적으로 지양한다는 것은 인간적 생활의 획득으로서 모든 소외의 적극적 지양이며, 따라서 인간이 종교 · 가족 · 국가 등으로부터 그 인간적인, 즉 사회적인 현존에로 귀환하는 것이라고 지적하고 있다.

그리고 여기서의 경제적 소외는 인간의 내면, 즉 의식의 영역에서 일어나는 종교적 소외와는 달리 현실적 생활에서 일어나는 소외이므로 바로 이 경제적 소외의 지양은 의식과 현실의 두 측면을 동시에 포함시키고 있음을 상기시키고 있다. 한편 우리는 그의 공산주의가 소외된 노동의 보편적 형태로서의 사유재산의 지양을 말할 때, 이 사유 재산의 지양 자체가 결코 그 목적이 아니라는 사실에 주목할 필요가 있다 하겠다. 다시 말하면, 그는 사유재산의 지양, 즉 생산수단의 사회화가 새로운 사회질서의 발단으로서 자유로운 개인의 발전에 기여하게 될 때에야 비로소 사유 재산의 지양은 그 진정하고도 긍정적인 의미를 가지게 된다고 한다. 그리고 이러한 생산 수단의 사회화에 있어서도 사회가 사회화된 생산수단의 지배자로 군림하여 자유로운 개인의 발전을 저해하는 것이 아니라 자유로운 개인이 사회화된 생산 수단의 지배자가 되지 않으면 안 된다고 주장하고 있다. 그리고 그의 이러한 생각은 전체의 이익이 개개인의 존재 안에서 실현되어지는 사회, 즉 특수한 이익을 보편적인 것으로 내걸기도 하고 보편적인 이익을 지배적인 이익으로 내 걸기도 할 필요가 없어진 사회에서는 사유 재산의 지양과 생산 수단의 사회화는 원숙한 면모를 나타내게 되는 것이다.

　다음으로 주목할 것은 사유 재산의 본질은 그것이 인간의 〈감성적 표현〉이라는 사실이다. 따라서 사유 재산의 적극적인 지양은 인간적인 본질과 생명, 대상적인 인간, 인간의 창조물을 인간에 의해, 인간을 위해 감성적으로 획득하는 것이지 직접적이고, 배타적인 향수(享受)

　나 점유 또는 소유라는 의미로 받아 들여서는 안 된다. 그럼에도 불구하고 사유 재산은 인간으로 하여금 그들이 대상을 소유할 때에만, 즉 대상이 그들을 위한 자본으로 존재하거나, 직접으로 점유되고, 먹고, 마시고, 입고, 거주하는 등, 그들에 의해서 사용될 때에만이 〈자기의 것)이라고 생각하도록 인간을 우둔하고 반면적(半面的)으로 만들어 버린 것이다. 그렇기에 인간의 모든 정신적 육체적 감각을 가장 단순한 소유의 감각으로 소외시켜 버린 사유 재산을 지양한다는 것은 인간이 그들의 인간적인 감각이나 특성을 완전히 해방시키기 위해서는 객체적으로는 그들이 소유의 감각에서 해방되어 인간 자신의 대상으로서의 대상의 성질을 이해하고, 주체적으로는 이 대상의 성질에 대응하는 본질적인 힘을 기르는 것이다.

인간의 눈은 대상이 인간에 의해, 인간을 위해 만들어짐으로써 인간적이고 사회적인 대상이 될 때에 인간적인 눈이 된다는 그의 표현은 사물이나 타자에 대한 인간적 관계의 회복만이 대상을 인간적으로 파악할 수 있는 감각적 기능을 가능하게 한다는 것이다. 한편 이 같은 대상의 성질은 그것의 특징적 본질이나 양식이 인간에게 긍정적으로 받아들여지기 위해서는 거기에 걸맞는 인간적 능력, 즉 본질적인 힘이 있어야만 하는 것이다. 가장 아름다운 음악도 비음악적인 귀에는 아무런 의미가 없다는 것은 그것이 그 대상이 아니기 때문이다. 왜냐하면 나의 대상은 나의 본질적인 힘 중의 한 가지를 확증해주는 것이기 때문이다. 따라서 인간적 만족을 가능하게 해 주고 인간의 본질적인 힘을 확증해 주는 인간적 감성은 세련되고 창조되지 않으면 안 된다고 주장한다. 왜냐하면 오감뿐만 아니라 정신적 감각이나 실천적 감각(의지나 사랑 등), 간단히 말하면 인간적 감각과 이들 감각의 인간적 특징은 감각 대상의 현존에 의해서, 인간화된 자연에 의해서 비로소 생성될 수 있다는 것이다. 이와 같은 오감의 형성은 바로 지금까지의 인간역사의 노작(勞作)이라고 주장한다. 따라서 그가 주장하는 부유(富裕)한 인간이란 그가 무엇을 소유하느냐하는 것보다는 무엇이냐에 근거하고 있다. 즉 이러한 인간을 결핍을 통해 다른 인간을 욕구하는 자로서 이러한 부유한 인간의 모습을 인간적인 생명발현의 총체를 필요로 하는 인간으로 다시 설명한다. 즉 자기 자신의 실현이라고 하는 것이 내적 필연성으로서 불가변한 것으로서 그의 안에 존재하는 인간이다. 이처럼 자본주의적 경제학에서의 빈부의 개념과 판이해진 사회에서는 인간을 그렇게도 치사하게 만들었던 소유욕은 무력해지고 모든 감각을 십분 구비(具備)한 여유 있는 인간을 생산하게 된다고 한다.

이상에서 마르크스가 지향하고 있는 공산주의 사회가 사유 재산이나 분업의 지양은 물론 인간적 감성의 배양을 통한 이상적 인간형의 형성에 집약되고 있음을 살펴보았다. 그러므로 그의 모든 노력은 인간의 본성을 해방시키며, 그 개성의 자유로운 발전을 가능케 하는 사회로서의 공산주의 사회를 상정하지 않을 수 없다 하겠다. 즉 마르크스는 공산주의는 인간의 자기귀환이며 인간 본성의 해방이므로 노동에 대한, 자기 자신에 대한, 다른 인간에 대한, 그리고 사회와 자연에 대한 종래의 인간 관계를 철저히 불식·개선하는 것이어야 한다고 보고 있다. 또한 여기서의 인간 관계는 사랑은 사랑으로서, 신뢰는 신뢰로서만이 바꾸어 질 수 있는 현실적이고 개성적인 생명의 특유한 발현으로서만이 이루어질 수 있다고 그는 주장한다. 그리고 개인과 사회와의 관계 또한 개인은 사회적 존재이므로 그의 생명의 발현은 사회적 생명의 발현이며, 확인인 것이다. 따라서 인간의 개인적 생활과 유적(類的) 생활은 별개의 것이 아닐 뿐만 아니라 사유와 존재 또한 확실히 구별되기는 하나 그것은 동시에 상호의 통일 가운데 있게 되는 것이다.[8]

"남녘사람 북녘사람"[9]은 6·25를 배경으로 북에 살던 고3인 화자 '나'가 의용군으로 징집되어 나가면서 만나는 사람들의 소묘로 이루어

---

8) 정문길, 앞의 책, 95~102면.
9) 이호철, 《남녘사람 북녘사람》, 새미, 2001.

졌다. "남녘사람 북녘사람"은 남쪽과 북쪽의 다른 이념과 분위기를 전제하고 있지만 자유주의와 공산주의의 문제를 사유재산의 지양이나, 생산수단의 사회화 등과 같은 사회구조적인 문제로 접근하지 않는다. 오히려 이념이 갖는 경직성을 인간의식과 인간애와 대립시킴으로써 이념적 구도에서 벗어나 이념의식을 재해석한다.

작가가 지향하는 인간의식은 마르크스가 주장하는 인간적인 회복과는 근본적으로 다른 관념을 지니고 있다. 마르크스가 주장하는 인간적 관계의 회복은 소유의 감각에서 회복되어지는 것을 전제로 한 노동, 자기 자신, 다른 인간, 사회와 자연에 대한 종래의 인간 관계를 철저히 불식시키고 개선하는 것이다. 그러나 작가는 소유와 노동의 개념으로 인간의 소외의식에 접근하지 않는다. 더 본질적인 문제로 자유의 커다란 틀 안에서 인간의식에 접근하며, 인간의식은 이념적 문제를 초월해 한국사람, 조선 사람의 정체성을 확인하는데 중심을 둠으로써 이념이 갖는 경직성과 소외의식을 극복한다.

연작소설인 "남녘사람 북녘사람"에서 화자가 만나고 관찰되어지는 대상은 같은 공산당원이면서도 자유주의의 분위기를 보여주는 인물과 이념적인 편향의 인물 등 대립적인 시각으로 구분되어진다. 화자는 이념적으로 아직 고정될 수 없는 고3의 화자의 나이이기 때문에 더 냉정한 감각으로 북쪽 체제와 남쪽 체제의 다른 분위기를 읽어내면서 비판할 수 있는 위치에 있다.

"남녘사람 북녘사람"은 화자 '나'가 의용군으로 징집되면서 함께 행군하는 일행들과 군인들에게 포로로 잡혀 만나는 남쪽 사람들을 대상으로 인물을 묘사하는데, 인물들은 대립적인 구도형태로 나타난다. 인물의 형식은 이념적 체제를 이기적으로 이용하려는 부정적 인물과 이념의식을 초월해 인간적인 면모를 부각시키는 긍정적 인물로 나뉘어

진다. 이러한 긍정적 인물과 부정적 인물형식은 주로 인간관계에 초점
이 맞추어져 그려진다. 화자 '나'의 눈에 비친 인간적인 면모가 기준으
로 제시되면서 화자는 표면적인 이념의 형식을 추구하기보다는 보다
본질적인 인간의식에 초점을 두고 있음을 알 수 있다.

1) 세 원형 소묘

'세원형 소묘'[10]의 박천옥은 부정적 인물형의 대표적인 인물이다.
박천옥은 중2때 공장 민청 쪽에서 특수 케이스로 전입해 들어온 학생
인데, 편입해 들어오자마자 민청의 초급단체 조직간사로 발탁되고 책
임간사 자리를 물려받으면서, 박천옥은 동료 학생들의 공포의 대상으
로 군림한다. 그가 주로 하는 일은 전교 단위로 열리는 열성자 대회나
궐기대회, 보고대회에서 늘 하는 소리를 지껄여대는 것이다. 그러나 박
천옥이 학교에 편입하자마자 민청의 간사로 발탁되는 것은 그의 가난
한 환경에 기인한다.

> 자기 집이 가까워져오자 박천옥은 학교 안에서 설치던 것과는 달
> 리, 갑자기 말이 없이 조용하였고 여느 때 없이 차악 가라앉아 들었
> 다. 까만색 책보로 싼 책 더미를 한 손에 들고 조금 앞서서 걸어가는
> 그가, 나는 성분은 그다지 안 좋았으나, 거리 애들같이 발랑 되까지지
> 는 않았던 거여서 박천옥도 평소에 나름대로 나에게만은 호감을 지니
> 고 있었던 것 같았다.—박천옥은 거적대기 문을 부스스 밀고 부엌으로
> 들어가, 다식은 삶은 감자 두 알이 놓인 흰 접시와 소금 한 웅큼을 들
> 고 나왔다. 그 모습은 학교에서 설쳐대던 모습은 전혀 아니었다. 그지

---

10) 이호철, 〈세 원형 소묘〉(1983), 《남녘사람 북녁사람》, 새미, 2001.

없이 질박하고 선량한 모습이었다. 천진스럽게 웃으며, "자, 하나씩 먹자, 식었지만 먹을 만하다." 하고 그 중 하나를 내 앞으로 내밀었다.

그로부터 근 사십 년이 흐른 지금까지 나는 그때 그 감자 먹던 일과, 입 속에서 녹아들던 그 기묘한 감자 맛을 잊을 수가 없다. 그때 나는 뭔지 모르게 눈물이 피잉 돌며 학교 안에서의 그의 모든 행태를 이해할 수 있을 것 같았고, 용서할 수 있을 것 같았다. 사람은 누구나가 자기가 사는 분수만큼 반응하는 건 가장 초보적인 사회적 반응일 터이니까.[11]

박천옥이 열성분자가 된 것은 그의 가난한 환경에 반응할 수 있는 초보적인 사회적 반응일 따름이다. 따라서 박천옥에 대해 지니고 있는 화자의 부정적 인식은 그의 처지를 보면서 이해하고 용서하는 쪽으로 변모한다. 화자 '나'는 박천옥을 통해 열성적인 연설과 선전문구 뒤에 감추어진 삶의 모습을 보고 이념에 경도된 사람들의 심리를 이해한다. 그러나 화자는 이들의 심리를 이해한다하더라도 이념적 의식에 경도되어 인간적인 면모를 잃어버린 인물보다는 자유롭고 인간적인 인물들에 더 본질적인 의미를 둔다. 시기적으로 아직 국가적 경계나 이념의 쟁점이 정비되지 않은 상태이기 때문에 화자는 선생과 동료에게서 남쪽 세상의 한 단면들을 보게 된다. 먼저 화자가 남쪽의 한 단면을 흘낀 편린으로나마 피부에 닿게 느끼게 한 인물은 전상동 선배이다. 전상동 선배는 46년 초 제 1기로 가장 먼저 월남을 하였는데 정정당당하게 모교로 다시 찾아와 국대안(國大案) 반대의 선봉장으로서 국대안 반대투쟁 보고를 하러 온 인물이다.

흔하게 들어온 선전선동 문구나 무더기 관념어들, 구체적인 실체를 지시하는 것은 없이 거의 판에 박인 일정한 억양만 장장 한 시간이고

---

11) 위의 책, 16~17면.

두 시간이고 이어지는 그런 보고와는 너무나도 판이하였다. 아아, 우
린 그런 회합에 얼마나 질리고 신물나 하고 있었던가. 그런데 지금 전
상동 선배는, 남쪽에서의 국대안 반대의 배경과 원인, 그리고 경위를
어디까지나 실제 정황에다 초점을 맞춰 차근차근 나직나직 풀어 나가
는 거였다. 그 당시 열성분자에게서 흔하게 보던 노상 열에 떠서 돌아
가며 우쭐해서 잘난척하는, 신물나는 작태나 판에 박힌 상투적 태는
전혀 없었다. 바로 그런 스타일로, 이를테면 그는 남쪽에서 국대안 반
대 투쟁에 가담하고 있는 거였다. 조금 웃기는 얘기 같고 느낌이 기묘
하였다. 한편으로는 충격으로 받아들여지고 당혹으로 느껴지기도 하였
다. 도대체 이 이북에서 최상호 선생이나 박천옥 같은 새 체제형이 성
가시고 귀찮아서, 마땅히 맨 먼저 월남한 사람으로서 월남한 저 전상동
같은 사람이, 저런 스타일로 국대안 반대 투쟁에 가담하고 있는 그 남
쪽 세상의 정체는, 대저 구체적으로 어떻게 생겨 있는 동네일까.[12]

화자는 열성분자에게서 흔히 보던 작태와 달리 문제를 실제 정황에
초점을 맞춰 차근차근히 풀어 나가는 전상동 선배의 어투를 충격적으
로 받아들인다. 화자가 경험한 이념적 체제는 박천옥같은 인물이 보여
주었던 선전선동 문구와 관념어들뿐으로 구체적인 실체가 빠져있었기
때문이다. 남한에서 올라온 박천옥은 그와 같은 상투적인 모습을 찾아
볼 수 없기 때문에 화자는 박천옥을 통해 남쪽 세상의 한 단면을 바라
보게 된다. 다음으로 화자는 남쪽 세상의 한 단면을 이광진을 통해 조
명한다.

그때 이광진에게서 풍기는 그 냄새는, 어느 구석이 어떻다고 꼭 집
어낼 수는 없었으나, 바로 남쪽 냄새 그것이었다. 구두 끝에 차락차락

---

12) 위의 책, 26면.

닿는 까만 나팔바지의 주름이 칼로 벤 듯이 서 있었으며, 향긋한 미안
수 냄새가 코를 찔렀다. 그러나 그 미안수 냄새는 비록 향기는 좋았지
만 매우 이색적이고 역겨웠다. 부도덕하고 썩은 냄새로 훅 끼얹혀 오
면서도, 밑 빠진 것마냥 무원칙하게 시원시원한 느낌이기도 하였다.
큰 체제에 각기 하나의 분자로써 째여들어 있는 것이 아니라, 제각기
흩어진 상태의 알갱이로, 원칙도 아무 것도 없이 제멋대로 돌아가는
세계가 흘낏 들여다보이던 것이었다.
　　-남쪽에서 갓 올라온 이광진은 그렇게 썩은 것과 어디에도 매이지
않는 활달한 것을 아울러 지니고 있었다. 그것은 그 전에 전상동 선배
에게서 풍기던 의젓하고도 성실한 품위와는 달리, 속물스러운 것으로
써의 그것이었다. 교모에도 찌걱찌걱 타르를 발라, 행색부터 이상하
였으며, 서울서 발길질을 배워 왔다며, 여럿 앞에서 시범을 해 보이기
도 하였다. 그의 그런 모든 행태가 썩어 보이고 부도덕해 보이는 대
로, 무언지 밑도 끝도 없이 싱싱하고 활달해 보이긴 하였으며, 저런
것이 이를테면 남쪽 세상 냄새겠거니 싶었다.[13]

　그러나 화자 이광진에게서 느끼는 남쪽 세상의 냄새는 전상동 선배
가 풍기던 냄새와는 다른 부도덕하고 속물스러운 것이었다. 이광진에
게서 느끼는 부도덕함과 속물스러운 것은 자본주의 체제하에서 보장
되는 자유가 지니고 있는 부정적인 면모라 할 수 있다. 그러나 이러한
부정적인 면모는 곧 활달함과 생기를 지니고 있어 이념적 체제가 갖는
경직성과 억압성에서 벗어난 자유로운 면모를 상기시키면서 화자의
의식속에 조금씩 깊게 각인된다.
　이러한 자유로운 면모를 보여주는 이 광진은 박천옥과는 달리 시골
읍거리의 유지급의 자식으로서, 박천옥같은 아이에게 신경질적으로

---

13) 위의 책, 30~31면.

반응하고 못견뎌한다. 그러나 화자는 이들의 대립적 관계를 사회적 관계에서 연유된 것 외에도 천성적이고 타고난 것이라고 바라봄으로써, 사람의 관계가 근본적으로 사회적 관계를 벗어나 마음과 마음이 통하는 형식으로 이루어진다고 생각한다. 작가는 인간관계를 어떤 특정한 이념적 색깔을 지닌 인물끼리 이루어지는 것이 아니라 개인 대 개인이 호감을 느끼는 방식으로 이루어지는 것으로 바라본다.

2) 남에서 온 사람들

'남에서 온 사람들'[14]의 갈승환은 이념적 체제를 앞세워 자기 욕심을 채우려는 부정적인 인물이다. 갈승환은 남로당 출신으로 신상명세서를 쓰는 것에도 '투쟁경력란'에 칸을 따로 만들어 너저분하게 적을 정도로 형식적인 것을 중요하게 생각하는 인물이다. 이런 갈승환씨가 사상·정치 교양사업을 떠맡게 된 나에게 문제를 걸어온 것은 같은 남로당 출신인 김석조의 당성에 문제가 있다는 것이다. 김석조는 인쇄공으로 있다가 어떤 의식적 결단없이 단체로 당에 가입한 인물이기 때문에 계급적 견지나 사상이 철저하지 못할 수밖에 없다. 그렇기 때문에 김석조는 일행중에 북쪽 세상의 실체와는 너무 다른 서울내기로 보이는 김정현과 붙어다니며 희희덕거려 갈승환의 눈에 거슬리게 된 것이다. 김정현의 모습은 서울내기의 전형적인 모습을 보여주고 있다. 그러나 화자는 김정현의 모습을 김석조와 마찬가지로 부정적으로 바라보지 않는다. 오히려 자신을 형님이라고 호칭하는 것에 당황을 느낄 따름이다. 화자는 이북 세상을 너무 모르는 김정현을 걱정해서, 집이

---

14) 이호철, 〈남에서 온 사람들〉(1984), 《남녘사람 북녁사람》, 새미, 2001.

잘살았다는 것을 일체 말하지 말아야 한다는 것과 아버지가 국회의원
이었다는 것들이 자랑 삼아 떠벌릴 말이 아니라는 것을 차분히 설명해
준다.

내 옆에 김정현이 앉아 있는 것을 보자 나는 불쑥 사사로운 말 하듯
이 말했다.

"김정현 동무, 동무는 아직 너무 어려서 동무가 지금 몸담고 있는
이 이북 세상을 너무너무 모르고 있어. 여기서는 동무네 집처럼 잘살
았다는 건 자랑이 못 된다구. 되레 부끄러워해야 하고 창피하게 알아
야지. 그러니까 이제부턴 그런 소린 일체 말어. 알겠어? 서울서 잘살
았다는 소리 같은 거, 아예 입에는 올리지 말라고."

"네 …… 알았습니다." 뭔가 조금 기별이 가는지 평상시의 그답지
않게 묘한 얼굴이 되면서, 그러나 금방 본래의 활달하고 천진한 얼굴
로 돌아오면서 그가 물었다.

"그럼 말 탈 줄 알았다는 소리 같은 것도 하질 말아야겠네요?"

"아니, 말 탈줄 아는 거야 어떻겠어. 그건 괜찮지만, 단지 아부지가
국회의원이었다느니, 매일 새벽 아부지와 같이 두 시간씩 말을 탔다
느니 자랑 삼아 떠버리는 건 안 좋지. 그런 건 자랑이 아니라, 여기선
창피헌 쪽에 속허니까. 동무 아버진 아주아주 나쁜 사람이었다구."

"녜, 알았습니다. 감사합니다. 정말로 감사합니다, 형님."

순간 나는 무언지 뭉클하였다. 그의 말에는 그 정도로 진정이 담겨
있었다. 그리고 한편 그의 그 '형님'이라는 호칭에는 뭔지 징그럽고
근지러운, 역겨운 것도 섞여 있었는데 자세히 보니 그의 두 눈에는 눈
물이 그렁그렁해져 있었다.[15]

---

15) 위의 책, 63~64면.

그러나 갈승환은 김정현과 김정현과 친하게 지내는 김석조, 그러한 김석조를 비판하지만 오히려 두둔해주는 화자를 비판하며 당 세포회의에 제기하겠다고 한다.

"김 정현, 그 아이는 전형적인 부르주아입니다. 그런데도."

–"김석조 동무는 아직 노예 근성에서 빠져나오지 못하고 있습니다. 당원으로서의 긍지와 자존심은커녕 기초 성품이 도무지. 그런 동무가 어떻게 당원까지 되었는지, 당최 이해할 수가 없습니다."

"계급 적(敵)에 대한 최소한의 증오심도 안 서 있다 ……."

–"우선 철저히 미워하여야 할 겁니다. 그런 종류의 행태가 발붙일 구석을 추호나마 용서하지 말아야 할 것입니다. 그건 너무 너무 당연한 거 아닙니까?"

–"아직 난 어려서 잘은 모르겠지만, 이 점에 관한 한 사상적인 철저성에서는 당신이 물론 옳겠지만, 자기과시가 너무 심해. 그리고 벌어진 사태의 구체성을 두고 말한다면, 당신보다는 김석조 동무가 훨씬 윗질에 있어. 일은 그렇게 하는 거라고. 당신처럼 이 판국에 뭐 자존심? 긍지? 그리고 또 뭐? 사상적 철저성, 어쩌고? 웃기지 말아요. 오늘 얘기는 일단 이만 해둡시다. 잠자리에 들어서 물 흘러가는 소리라도 열심히 들어보쇼 그러면 어느 정도 내 말이 짐작될 거요." 나는 자르듯이 말하고는 휑 그 자리를 떴다.[16)]

김석조가 김정현을 아끼는 것은 그냥 인간적으로 정이 가고 좋기 때문이다. 여기에는 어떤 이념적 형식이 들어갈 수가 없는 것이다. 그러나 갈승환은 이러한 사람의 관계를 이해하지 못하고, 사상적 철저성이 약하다며 그것을 문제삼음으로써, 이념의 논리로 인간관계를 재단하

---

16) 위의 책, 52~55면.

 ｜이호철 소설에 나타난 세계의식

려 한다. 또한 인간관계를 계급적 형식으로 재단하고 계급 적(敵)에 대해서는 무조건 증오심과 미움을 가져야 한다는 인위적인 태도를 견지한다. 이것은 인간관계에 있어야 할 진정성을 생각지 않는 이념적 체제가 갖는 한계형식이다. 그러나 화자는 갈승환이 재단하는 이러한 기준은 갈승환 '자신의 계급적 견지와 사상적 철저성을 새삼 확인시키고, 자신을 누구에겐가 내보이고 싶은 자기과시'에서 비롯된 소치라고 판단한다. 사상적 철저함을 내세우던 갈승환의 주장은 인간관계의 진정성을 빠뜨리면서 이념의 허구성만을 드러낸다. 반면에 김석조는 김정현을 생각해서 자신과 떨어지기를 싫어하는 김정현을 훈계하며 후방에 후송되어 계속 공부를 해야한다며 김정현의 앞날을 진정으로 생각해준다.

　"그러니까 동무는 어쨌건 간에 공적인 기준에서 지금 그런 얘길 하는 거 아니겠어? 사적으로는 정현 동무와 도저히 떨어질 수 없을 만큼 가까워졌지만, 공적으로 ……."
　"아니에요, 그런 게 아니에요." 하고 김석조는 금방 다시 단호하게 내 말을 가로막았다.
　"공적도 사적도 아니에요, 저는. 그런 게 왜 굳이 구별이 되어야 하남요. 저는 이때까지, 사적으루만 김정현 동무와 친했던 것은 아니었어요. 그 점, 분명히 갈승환 동무는 오해하고 있었지요. 그리고 이런 소린 제가 감히 할 수 있는 소린지 모르겠지만 갈승환을 '갈 동무 같은 사람, 아무리 늘 옳은 소린 하고 있지만, 전 그런 사람 그다지 믿지 않아요. 그런 사람은 결국은 제 욕심부터 앞세우는 사람이거든요. 사실은 이런 소린 하고 싶지 않았는데."
　―"김정현 동무와 친해진 게 공적도 사적도 아니라고 동무는 말하고 있는데, 대강 그런 기준에서 울진까지 같이 나갈 수도 있는 문제 아니

겠어? 근데 그 점, 동무가 단호하게 거절하는 건 뭐지요?"

그는 다시 금방 받았다.

"제가 공적도 사적도 아니라고 하는 건 진짜로 공적도 사적도 아니어서 아니라는 게 아니라, 실은 큰 테두리로는 공적인 기준이 의당 깔려 있다는 뜻 아니겠습니까요. 아무 데서나 꼭 공적인 얼굴을 하고 공적인 말을 농해야만 공적이 되능감유. 그러면 괜히 서걱거리기나 하고, 서로 불편해지기나 쉽지유."[17]

그러나 김석조는 자신이 김정현을 생각하는 것은 사적인 정에 의해서만이 아니라고 피력한다. 또한 굳이 인간관계를 사적인 것과 공적인 것으로 구별해야하는 이유도 이해할 수 없다고 말한다. 한 단계 나아가 김정현과 친하게 지내고 후방으로 보내는 것은 큰 테두리로서는 공적인 기준이 깔려 있다고 함으로써, 김정현과의 관계가 공적인 기준이 의당 깔려있는 것이라고 전제함으로써, 인간관계의 진정성은 이념적 체제라는 커다란 테두리 안에 존재해야 하고, 존재할 수밖에 없는 것임을 피력한다. 따라서 화자는 이념의 형식에 구애받지 않는 인간관계의 형식에서, 김석조의 인간의식을 통해 이념에서 벗어나있는 인간관계가 아니라 이념의 커다란 틀 안에 놓인, 인간관계와 인간성의 의미에 깊이 천착해 들어가는 의식의 일단을 보여준다. 화자의 의식은 이념의식과 인간의 의식이 깊이 연루된 인간관계의 형식으로 재조명한다.

3) 칠흑 어둠 속 질주

'변혁 속의 사람들'[18]의 일행은 영변동무 패거리와 함흥사람 김덕

---

17) 위의 책, 78면.

진, 양덕사람 양근석의 패거리로 갈라져 있다. 영변동무 패거리는 행군 내내 나들이라도 가는 듯 연신 떠들고 시시덕거리는 모습을 띠고 있고, 양덕사람 패거리는 시종 무겁고 삼엄한 고요가 감돈 분위기를 띠고 있다. 이들은 같은 체제를 가지고 있는 집단이지만 처음에 만난 당상리에서부터 이심전심으로 서로 눈치껏 처지와 생각이 비슷한 사람들끼리 삼삼오오 작당을 하여 제각기 한패를 이루게 된 것이다. 그러나 두 무리의 모습과 행동은 근본적으로 다르다.

　　비근한 예로 끼니 때마다 음식을 먹는 것도 이 패거리는 노상 떠들썩하게 툭 터져 있었고 시원시원하였다. 식후에 칫솔질은 고사하고 먹고 나서 숟가락도 한 번 제대로 씻는 법이 없이 그냥 허리춤 같은 데 꽂거나 군복 호주머니에 집어넣거나 하였다가, 끼니 때가 되면 대강대강 먼지만 닦아내고는 밥 함지 앞에 나앉곤 하였다. 함흥 사람 김덕진 패거리들이 끼니 때마다 머리를 맞대고 둘러앉아 끼리끼리만 은밀하게 소곤소곤 쑤군쑤군거리며 조용조용히 먹는 것과는 달리, 끼니 때만 되면 이쪽 패거리는 진짜로 먹는 것답게 노상 시끌벅적하였다. 그리고 이 패거리의 주축인 셈인 연변 동무는 보기에 따라서는 나잇살깨나 든 주제에 조금 주책맞아 보이기도 하였다. -그날 저녁 오락회에서 그는 문천 감자바위 동무와 함께 온통 독판으로 판을 휘어잡으며 실력을 과시하더니 어슷비슷한 축으로 정평 고구마, 영흥 아바이, 고원 아즈바니, 남에서 올라온 김석조 등 그 밖에도 두엇을 더 끌어모아 금세 우리 소대안에서 함흥사람 김덕진 패거리와 함께 가장 막강하고 활력에 찬 한 패거리를 모으고 있었다.[19]

18) 이호철, 〈변혁 속의 사람들〉(1987), 《남녘사람 북녁사람》, 새미, 2001.
19) 위의 책, 131~133면.

영변 동무 패거리가 솔직하게 있는 그대로의 감정을 표현하고 행동하는 무리라면 김덕진 패거리는 끼리끼리 둘러앉아 소곤대며 무언가를 상의한다. 이들은 행군할 때도 총대장과 길 안내원 바로 뒤에 바짝 붙다시피 하면서 행군을 하는 모습을 보여주는데, 거진읍에 닿아서는 함흥 사람 김덕진과 양덕 사람 양근석이 주관을 해서 총대장 이하 다섯 명의 군관들이 묵고 있는 함석집에서 술판을 버린 것이 실미가 되어 김덕진과 양근석은 죽음을 맞이하게 된다. 즉 일행이 밤늦게 행군을 할 때에 영변동무 패거리가 변을 보느라고 뒤처지다가 김덕진과 양근석이 패거리에서 이탈하는 것을 목격하고 잡아와 공개적으로 비판하고 나섰기 때문이다. 비난의 명분은 총대장이 김덕진과 양근석의 술대접을 받으면서 행군에서 이탈하는 것을 공모했다는 것이다. 이 때 영변동무 패거리에 여단 당위원에서 공식으로 파견된 노자순이 본분을 드러내어 이들을 어떡해 해야 할 지를 소위와 의논을 할 때 김석조가 총대장 대위와 김덕진, 양근석을 총으로 처단한다. 그리고 조승규라는 인물도 끄집어 내어 총을 쏘려하는데, 조승규는 갈승환과 같이 월북했다가 갈승환은 자신의 변죽대로 이사람, 저 사람 이름을 대며 그곳에 남아있게 된 반면에 조승규는 갈승환처럼 행동하지 않고 사실대로 말하여 의용군으로서 자신을 점검하고 새로 출발해볼 생각이었다고 해서 행군의 무리에 끼어들게 된 인물이다. 그런데 조승규가 끼어든 무리가 김덕진 패거리였으므로, 같은 남로당원이 김석조는 이 상황에서 조승규도 이들이 내빼리라는 것을 알고도 방관하였다며 총을 쏜 것이다. 총알은 공포탄이어서 조승규는 살아남지만, 조승규를 쏘라고 귀에 소곤거린 사람은 바로 영변동무라는 것을 화자는 듣게 된다. 일행중에 김석조와 조승규만이 같은 남로당원인데도 이들은 서로 의지하거나 남다른 연대감등을 보여주지 않는다. 오히려 그런 쪽의 연대감같은 것은 털끝만큼도 없이 서로를 무시하고 있는 모습을 지니고 있을 따름이다. 이에 화자는 나이가 훨씬 많은 쪽인 조승규 씨가 안쓰러워 김석조를 불러내어 조승규에 대한 생각을 들어본다.

"같은 남로당원이었으니까 이 북쪽 세상에 와서 서로 의지가 되어야 마땅할 거 아뇨? 이치는 그런데, 허나 마음이 내키지 않는 걸 어거지로 그럴 수는 없겠지요."

"맞아유. 저는 그런 쪽으로는 전혀 마음이 내키지가 않던데유. 생각해본 일조차 없구유. 여단본부로 소환되어 올라간 갈 동무도 그랬지만유. 그 동무도 처음부터 무언지 축축한 것이 우리네하곤 애초에 종류에 다른 사람 같던데유. 살갗으루다 가까이 와닿는 구석이 전혀 없었으니까유. 도대체 그런 동무들허고 무슨 말을 어떤 식으로 해야 할는지도 엄두가 안 섰구유." 김석조는 여느 때 없이 빠르게 조잘거렸고 나도 빙긋이 웃으면서 받았다.

"거참 이상하군요. 같은 당원끼리면서 어쩜 그럴 수가 있을까?"

"글쎄, 전 그런 건 잘 모르겠네유. 허지만 같은 당원 이전에, 그 동무 늘 저만 중뿔나게 잘나고 싶어서, 오직 그 점으로만 항상 설치는 사람 같아서 도무지 밥맛이 없던데유. 인텔리 당원이라나 하는 동무들이 대체로다 그렇다던먼유. 그러구 솔직히 전 그런 동무들 처음부터 밥맛 없고 상종허고 싶지가 않았에유. 상종허련다고 될 것도 아니고유."[20]

김석조는 조승규와 같은 남로당원이었지만 마음이 내키지 않기 때문에 같이 어울릴 것은 생각해보지 않았다고 한다. 김석조가 조승규에게 갖는 거리감은 당원 이전에 인간적으로 자신과 어울릴 수 없다는 생각

---

20) 위의 책, 151면.

이 앞서있고, 자신과는 다른 인텔리 당원이기 때문이다. 따라서 조승규가 김덕진 패거리에 들어간 것도 그들이 조승규와 맞기 때문이라고 생각한 것이다. 이것은 인위적으로 되어지는 것이 아니라 마음의 길의 문제인데, 이러한 정황을 이용해서 영변동무는 김덕진과 양근석을 죽일 때 조승규도 함께 죽이려고 한 것이다. 영변동무가 김덕진과 양근석을 죽인 것도 탈영을 시도한 점에 있어서 이념에 철저해지기 위해서 처단을 한 것이기 보다는, 행군을 하면서 가졌던 대립되는 감정에 기인한 행동이라고 할 수 있다.

이와같은 의식은 조승규와 화자와의 대화에서도 잘 나타난다. 조승규는 인간관계는 이념에 철저해지기고 후에 인간관계를 형성하는 것이 아니라 인간관계가 형성된 후에 상호비판이라는 것도 이루어질 수 있다고 피력하면서 이념과 인간의식에 대한 새로운 인식을 보여준다.

> "허지만 상호비판이라는 것도 그래요. 한 조직 안에서 당원으로서의 기초훈련이 충분히 갖추어져서 당원으로서의 소양과 고귀한 인간적 품성, 희생정신과 봉사정신에 안받침된 진실로 동지적 애정 등등이 어느 정도 이루어진 연후에야 상호비판이라는 것도 제대로 기능하게 되는 것이지, 그렇지 못할 때는 단지 네가 잘났냐 내가 잘났다, 네가 옳으냐 내가 옳다, 네가 똑똑허냐 내가 똑똑하다 식의 싸움밖에 안되고, 결국에 가서는 피차에 감정 싸움으로 치닫게 되고, 끝내는 서로 원한까지 갖게 되지요. 그렇게 되면 그 폐해는 말도 못하게 커지구요, 눈덩이 커지듯이 커져서 끝내는 제어하기가 곤란하게 됩니다. 이것이 큰 판에서는 흔히 노선투쟁을 빙자한 권력투쟁이 되고 작은 판에서도 본말이 전도되는 이상한 국면을 노정시키게 되지요. 이렇게 되면 일은커녕 사람들만 더 나빠지게 되는 겁니다.[21]

---

21) 위의 책, 146면.

　조승규의 말에 의해면 같은 당원안에서도 상호비판이라는 것은 당원으로서의 소양과 품성, 희생정신, 봉사정신이 안받침된 동지적 애정이 어느정도 이루어진 후에야 가능한 것이다. 그렇지 못할 때에는 결국 감정 싸움으로 치닫고 서로 원한을 갖게 되어 노선투쟁을 빙자한 권력투쟁이 되거나, 본말이 전도되는 이상한 국면으로 노정되어 사람들만 더 나빠지게 만든다는 것이다. 이와 같은 조승규의 말은 곧 영변동무 패거리가 김덕진과 양근석 패거리를 처단하는 상황에 적합하게 맞아떨어진다. 영변동무 패거리는 당원으로서의 기초적인 훈련도 되어있지 않은 상태에서 김덕진과 양근석에 대한 동지적 애정을 느끼지 않고 있을 뿐이다. 그들이 총대장과 술판을 벌였다는 것과 거집읍에서 방을 차지할 때 안방을 김덕진 패거리에게 양보한 것 등에 대한 앙심이 처단의 간접적인 이유가 된 것이다. 따라서 조승규의 말대로 동지적 애정이 형성이 되지 않은 상태에서 비판을 했을 때는 서로 원한을 갖게 하여 좋지 않은 결말을 만들어내고, 영변사람이 김석조에게 조승규를 쏘라고 시킨 것처럼 오히려 인간성만 더 파괴시키는 결과를 초래하게 되는 것이다.

　따라서 화자는 이들의 관계를 통하여 인간의식은 이념의 울타리 안에 갇혀있을 수 없는 것임을 깨닫는다. 같은 이념의 형식안에서도 고귀한 인간적 품성, 희생정신, 봉사정신이 안받침된 동지적 애정 등이 형성된 후에야 진정한 비판이 있을 수 있는 것처럼, 이념이 앞세워지고 이념에 경도된 의식의 일단을 보여줄 때에는 노선투쟁을 빙자한 권력투쟁을 일으키고 인간성을 파괴시키는 결과에 다다른다는 것을 깨닫는다. 이어 화자는 남쪽 군인들에게 포로로 잡히면서 헌병들과 함께 생활하면서 그 속에서도 이념과 인간의식에 대한 새로운 의미와 인식을 갖게 된다.

4) 남녘 사람 북녘 사람

‘남녘 사람 북녘 사람’[22]에서 화자 ‘나’는 50년 10월 초 강원도 양양
에서 헌병을 처음 만나본다. 화자가 본 헌병은 카키복에 선글라스를
쓴 허옇게 몸집 좋은 청년으로 부티와 귀티가 풍기는 젊은이였다. 화
자는 헌병의 으리으리한 겉모양에 비해서 사람됨이 말랑말랑해 일말
의 호감을 느끼기도 한다. 또한 심문의 형식으로 말을 주고받긴 하지
만 그의 마음속에서 이일 자체에 대해 근본적으로 물음표를 제기하는
기색을 발견함에 따라, 화자는 그에 대한 어떤 선망감 비슷한 것까지
느끼게 된다.

> 위에서 시키니 할 수 없어 하긴 한다마는, 도대체 어쩌다가 우리가
> 이 지경이 됐는지 알다가도 모르겠다. 같은 민족끼리, 조선 사람끼리
> 이게 도대체 무슨 미친 짓들인지 ……. 육두문자 섞어 씨부렁거리며,
> 이런 일 자체에 근복적으로 ‘?’을 제기하며 시큰둥해하고 있는 기색이
> 역력했다. 다시 말해, 이 전쟁 자체에 대해 어느 특정인이거나, 어느
> 한쪽, 큰 체제의 테두리 같은 것에 전혀 매이지 않은, 자연인 조선 사
> 람, 한국 사람으로서의 독자적인 시각(視角) 하나는 두루뭉실하게일망
> 정 단단히 갖고 있어 보였다. 그 점이 와락 괄목(刮目)해지며, 벌써 강
> 한 선망감 비슷한 것이 일었다. 귀티, 부티나는 허연 생김새에다 카키
> 복에 선글라스에 헌병 완장을 몸에 휘감곤 있었지만, 그의 마음속에
> 질기게 버티이고 있는 것은 우리 한국 사람, 조선 사람의 가장 핵심적
> 인 백성인 것이었다.[23]

---

22) 이호철, 〈남녘 사람 북녘 사람〉(1996), 《남녘사람 북녘사람》, 새미, 2001.
23) 위의 책, 190~191면.

헌병은 화자의 수첩에서 화자가 문학을 좋아하는 걸 알았고 이것이
계기가 되어 톨스토이, 체홉, 발작에 대한 얘기를 나눈다. 헌병과 화자
의 대화는 포로신문이라기 보다는, 주고받는 말 내용이나 어투가 지극
히 사사로워져 있어 어느 누구도 간여할 수 없고 침범할 수가 없는 분
위기가 되었다. 이 때 화자는 대한민국의 헌병이라는 직분에 있는 사
람을 처음으로 대면하면서 대한민국과의 첫해후를 한 것으로 상기한
다. 그리고 그 첫인상은 나쁘지 않은 것으로, 화자가 그때까지 5년 동
안 겪어본 노상 시끄럽고 서슬 푸르고 악악거려대기만 하는 북쪽 체제
와 비교해서 천양지차가 있었던 것이다.

> 실은 거기 북쪽에는 자연 자체로서의 백성, 민중이 아니라, 일정한
> 규격으로 문자(文字)로 노상 내려먹이는 몇몇 지식인 도당의 '인민'의
> 식만이 회오리치고 있었다. 그리고 이 남쪽에는 부티 나는 카키군복
> 에다 선글라스며 송두리째 외국 것을 휘감고는 있었지만, 자연인 자
> 체로서의 이 나라 민중이 어렵게 어렵게일망정 여전히 그 모습 자체
> 로서 꿈틀거리고는 있었던 것이다. 더구나 헌병이라는 직분에 있는
> 사람으로 쳐서는 학생 태(態)가 그대로 있어 그지없이 말랑말랑하고,
> 의식이 투철하지가 못하고, 자연인으로서의 조선 사람 것을 고냥 고
> 대로 온존하고 있다고 하는 그 점이, 그때까지 북한 체제에만 5년 동
> 안 길들여져 있던 나로서는, 매우매우 당혹스러울 정도로 희한꼴랑하
> 였던 것이다.[24)]

화자는 북쪽에서 일정한 규격으로 재단하는 형식적인 인민의식을 거
부한다. 대신 외국 것을 휘감고는 있지만 헌병의 모습에서 어렵게일망
정 민중의 모습 자체를 지니고 있음을 발견한다. 화자는 헌병에게서

---

24) 위의 책, 194~195면.

자연인 조선 사람, 한국 사람으로서의 독자적인 시각 하나는 단단히 갖고 있는 것을 발견한다. 이로서 화자가 이념과 인간의식에서 지향하는 것은 이념의 형식을 벗어난 조선 사람, 한국 사람으로서의 독자적인 시각임이 드러난다. 그러나 이러한 조선 사람, 한국 사람의 모습은 이념으로 재단된 북의 체제에서는 형성될 수 없는 것이다. 민중의 모습은 어떤 이념적 체제로 재단되거나 인위적으로 조작될 수 없기 때문이다. 이로써 화자가 추구하는 이념과 인간의식에 대한 조명은 조선 사람, 한국 사람의 독자적인 모습으로 귀결된다.

심문이 끝나고 화자는 양양경찰서 보호실로 옮겨지고 헌병분견대를 거쳐 다른 포로들과 합류되어 강릉에 닿을 때까지 다시 행군을 시작한다. 그러나 며칠이 지나는 동안 국군 헌병과 포로들은 기묘한 한 떼거리가 되어 동해안 산천을 걸어 올라가면서 서로 격의 없이 잡담을 나누고 심지어 노래까지도 같이 부르는 관계가 되었다.

> 아니, 같이 불렀다는 것은 어폐이고, 헌병들은 주로 '남쪽나라 십자성은 어머님 얼골'이나 '어젯밤 새벽꿈에 맺은 인연도'라거나 '신라의 달밤' 같은, 그 당시에 한창 남쪽에서 유행하던 유행가들을 구성지게 불렀고, 소련군의 '군대 칸타타', '스탈린 송가', 심지어는 장백산 줄기줄기 하며 '김일성 장군의 노래'까지도 웅장하게 혹은 씩씩하게 불렀다. 그러면서 우리는 저들 유행가를 들으면서 매우매우 신기해하고, 헌병들은 헌병들대로 우리 노래를 들으면서 대단히 신기해하였다. "야, 거, 좋구나."하기도 하고, "노래까장도 모두가 저렁이, 암튼 독종은 독종들이지"하기도 하고, "또 뭐 없니? 다른 거 또 뭐 불러봐라."하기도 하였다. 그러면 다른 헌병 하나는, "야야, 이러다간 우리가 모두 저 빨갱이 노래들에 선전선동당해 설라므니, 정신 몽롱해지는 거나 아냐."하고 씨부렁거리기도 하였다.[25]

이들의 관계는 헌병과 포로의 관계임에도 어떤 이념적 체제로 재단되거나 인위적으로 조작되지 않고 서로에게 호감을 느끼는 자연스러운 관계가 형성된다. 서로에게 호의적인 마음은, 한 포로가 저 산등성이 너머가 자신의 집이라고 무심코 말한 것을 그 옆에 있던 헌병하나가 듣고는 '정말 네 집이 거기라는 데야, 안 보낼 수가 있니. 너 진짜로 빨갱이는 아니지? 아니, 설령 네가 빨갱이라고 쳐도 그래. 너캉 나캉 전생에 무슨 기막힌 원수를 졌다고 널 그냥 끌고 갈것이냐. 네 집이 바로 조기라는데.' 하며 적선하는 것쯤으로 친다며 집으로 보내주기까지 한다. 이와 같은 희극적인 상황은 전쟁이라는 경직된 분위기에서는 있을 수 없는 것이다. 그럼에도 어떤 일정한 원칙이나 기준을 넘어 헌병들의 그때그때 기분에 따라 행동하는 것은 헌병과 포로들의 마음에 어떤 이념적 형식이 철저하지 못했다기보다는 인간에 대한 의식이 더 깊이 천착해 들어가 있기 때문인 것이다.

그러나 전쟁이 갖는 참상은 인간적일 수만은 없는 비극을 만드는데, 그것은 일행이 삼파선 접경에 못 미쳐서 일어난다. 강릉에서 포로들을 책임지는 헌병으로 진남포 사람이 등장한다. 진남포 사람은 유도 선수처럼 어깨가 벌어진 게 체대도 우람하고, 목소리도 걸걸한 평안도 사람 특유의 양명하고 활달한 점이 두드러져 보이는 인물이다. 진남포 사람은 행군하다 주문진 못 미처 마른 쑥대밭이 무성한 들판 한가운데서 모두를 정지시키고 변소를 보라고 한다. 잠시뒤에 포로들을 정렬하는데 삼척사람이 빠진채 쑥대밭에서 나오지 않고 있어 빨리 오라고 소리치자 삼척사람은 자신은 외아들이라며 죽으면 안 된다고 꿇어앉아 두 손을 비벼대더니 쑥대밭 속으로 달리며 도망을 친다. 이에 진남포 사람은 삼척사람을 조준해 그대로 총살하고 만다.

---

25) 위의 책, 204면.

이러한 상황에서는 한국사람, 조선 사람의 시각이나 인간적인 면모
는 드러나지 않고 오직 이념적 현실에 수응하느냐 그렇지 않느냐 만이
살아남는 기준이 된다. 그러나 이 때 화자는 그 진남포 사람에게 쇠붙
이가 자석에 끌리듯이 무작정 끌리며 아첨이 하고 싶어진다. 그것은
자신에게도 삼천포 사람과 같은 경우가 생길지 모른다는 것에 대비해
서 미리 방어책을 쓴다거나 하는 그런 따위의 얇삽한 것이 아닌, 훨씬
본원적으로 고양된 감정이었다. 화자가 진남포 사람에게 끌린 것은
'옳고 그른 시각이 끼어들 수 없는 그 어떤 보편성이라거나 상투성의
바다로 한발 디밀어져 있는 것이다.' 옳고 그른 기준으로는 애당초에
그 극한적인 상황의 설명이 불가능한 것이기 때문에 화자는 진남포 사
람의 편에서 그 일을 받아들인다. 화자는 자신이 포로임에도 포로를
처단하는 진남포 사람의 편에 서면서, 어떤 보편성의 세계에 대해 생
각한다. 화자는 진남포 사람이 포로를 처단하는 극한적인 상황은 진남
포 사람의 인간성에 문제가 있어서가 아니라 전쟁 중이라는 보편적인
상황이 만들어낸 비극의 하나로 이해한다. 화자는 살인을 저지른 진남
포 사람의 편에 서고 받아들이면서까지 인간을 이해함으로써 사람과
의 관계에 있는 인간의식을 고집하는 것을 포기하지 않으려 한다. 모
든 사람이 무거운 침묵에 빠져 걸어가는 동안 유독 화자만이 진남포
사람과 천연덕스럽게 이야기를 주고 받는 것은 화자 자기 자신이 고집
하는 세계를 끝까지 견지하려는 무의식적인 행동의 하나로도 볼 수 있
다. 이와 같은 화자의 고집은 진남포 사람이 화자의 부탁을 들어주는
것으로 화자가 추구하는 인간관계의 끈이 끊어지지 않았음이 드러난
다. 화자는 진남포 사람이 원산으로 간다는 얘기를 듣고 자신이 살고
있는 동네에 가서 '백하상점'이라는 문방구점에 가서 자신이 살아있다
는 사실을 전해주면 집까지 그 소식이 들어갈 거라며 전해달라는 부탁

을 하는데, 후에 진남포 사람이 그 약속을 지켰다는 것을 문방구점의 아들 이영환군에게서 들었던 것이다.

　포로들은 간성에 도착하고 헌병도 새로 부임하는데, 새 헌병은 부임하자마자 포로들에게 시장에 가서 떡과 과일 등을 사올테니 돈을 꺼내라고 하고 화자를 데리고 시장에 가서 물건들을 산다. 물건을 산 후 골목길에 접어들어 어느 한 집에 들어가서는 그 집 노부부에게 '인민군 나갔다가 오는 아이가 있다며, 어무이 둘째아들과 나이가 엇비슷할 거'라며 대강 한상을 차려오라고 한다. 헌병은 타관 나오면 뭐니뭐니 해도 이렇게 의지할 집을 하나 사겨두는 것이 첫째로 할 일이라며 더러 시간 날 때 점심이나 저녁을 같이 먹는다고 하는데 그럼에도 불구하고 화자는 이 사람과 이 댁 늙은 안댁이 오가던 너스레 떠는 수작들이 뭔지 모르게 이질감으로 와닿는 것을 느꼈다.

　　'사기, 그렇다, 무언가 본질적으로 '사기성' 같은 것이 껴들어 있어 보였다. 물론 나는 지금 두 사람간의 그 어떤 불미한 관계 같은 것을 상정하는 것은 결코 아니다. 그보다는 더 본원적인 인간관계를 두고서이다. 사람 관계라는 게 저보다는 본시 더 정중하고 피차에 조신해야 하는 어떤 것이 아닐까. 그 점, 이 댁 바깥노인 쪽이 되레 백성들 특유의 눈치와 감각으로 이미 정곡을 꿰뚫고 있는지도 모른다.[26]

　화자는 이곳에 진군한지 일주일도 안돼 안주인과 너스레를 떠는 헌병의 태도에서 뭔가 사기성을 느낀다. 또한 사람의 관계는 보다 더 정중하고 조신해야 할 것으로 생각한다. 헌병과 이집 노부부는 근본적으로 적의가 번뜩이는 적대관계임에도 헌병은 그러한 감정을 무시하고

---

26) 위의 책, 235면.

자신의 입장만 고집하는 것이다. 안댁 주인은 화자에게 밥을 차려주면서 그러한 감정을 표현한다. 그러자 헌병도 놀라서 누워있던 자리에서 일어나 자신이 뭔가 잘못한 것을 생각하며 죄인의 패거리에라도 끼어든 것을 용서라는 비는 듯한 모습을 한다. 헌병 또한 아들을 전쟁통에 보낸 안댁주인의 슬픔을 외면할 수 없는 것이고, 이러한 상황에 대한 일말의 죄책감을 느낄 수밖에 없었던 것이다.

"그래, 이 자들허고 싸우다가스리 니가 이 자들헌테 잡혔냐? 그렇게 포로가 됐구나. 그렇게 지금 네가 이 녀석의 포로 신세라는 말이지잉. 이 싱거운 녀석의. 원, 어쩌다가 우리 아이들이 이렇게 됐는지 모르겠다. 우리 공화국 아이들이 워저다가."하곤, 느른하게 벽에 기대어서 잠들어 있는 그 헌병을 모로 흘낏 쳐다보는데, 그 눈길에는 와락 증오와 울분이 담겨 있었다. 조근 전, 서로 너스레를 떨며 수작할 때와는 달리 깊숙한 적의가 번뜩였다. 아, 저 적의! 이 두 사람의 관계는 지금 적대 관계에 있는 거였다.

–"아모튼지 느네 엄마도 매일매일 얼메나 얼메나 애를 태울 것이냐. 시상에도 시상에도 어떻게 키운 자식들인데. 매일 아침저녁 정한 수 떠놓고 빌고 있을 것이야. 느네 엄마도. 니가 총알 맞아 죽지 않고 이렇게라도 살아 있는 건 그런 엄마 덕인줄 알아라. 시상에나 시상에나 얼메나 보고 싶겠니.–"

– 그 순간 나도 그만 헉 하고 울음이 터져버리고 말았다. 그렇게 일단 터져버린 울음은 도저히 도저히 막아낼 길이 없었다. 비록 보잘것없는 개다리밥상일망정, 모처럼 몇 달 만에 제대로 밥상 앞에 앉아본 것도 그렇고, 놋대접에 가득 담긴 냉수 한 방울까지도 남기지 않고 싹싹 생각과는 달리, 도저히 먹어낼 수가 없었다.[27]

---

27) 위의 책, 236~237면.

화자는 식사를 하면서 안댁주인의 위로하는 말에 눈물을 터트린다. 지금껏 참아왔던 감정들이 한꺼번에 쏟아지면서 울음은 멈추지 않는다. 헌병과 안댁 주인이 적대관계라면, 안댁주인은 화자를 통해 전쟁 나간 아들을 생각하고, 화자는 안댁주인을 통해 집과 어머니에 대한 그리움에 젖어든다. 화자는 고 3의 나이로 어머니에 대한 그리움과 함께 인간적인 면모를 보여준다. 이러한 의식을 소유하였기 때문에 화자는 자신과 이념이 다른 헌병들에게서 따뜻한 면을 볼 수 있는 것이다.

헌병들과 포로들이 38선의 경계를 넘어서면서 동네 사람들이 포로들을 대하는 품이 현저하게 달라져 있는데, 헌병들은 행렬속으로 마구 밀고 들어오는 아낙네와 할머니들을 끌어내면서도 어딘지 따뜻한 구석을 보여준다. 헌병들은 그들 한 사람 한 사람에게 깊은 어떤 것을 보여주고 있었고 이것을 본 화자는 혼자 감동을 한다. 이러한 점도 화자가 5년 동안 북쪽의 인민공화국 체제에서는 도저히 볼 수 없었던 풍정들이었던 것이다. 그 세계에서는 오직 권력에서 내려먹이는 작위적인 소음만이 왁자지껄했었고, 끝내는 주객전도, 본래의 사람살이는 어디론가 증발해버리고 선전선동성 소음만이 온 천지를 뒤덮은 것이었기 때문이다.

마지막으로 포로들은 고성극장 밖에서 기관총으로 조준이 되어 있는 상태에서 노숙을 하다가 다시 살게 된다. 즉, 국군에게 금강산 쪽으로부터 인민군 패잔병들의 전격적인 기습이 감행될 것이라는 수색대의 보고가 있었는데 그 기습이 감행되었더라면 포로를 모두 사살하기로 계획된 것이다. 그러나 이러한 극한 상황에서 인민군 군관을 했다는 '대열참모'가 혼자서 빠져나가기 위해 대열에서 혼자 나와서 따로나와 지위관을 만나고 싶다고 하고, 그것이 거부되자 현재 국군의 모모 사단장으로 계신 분이 자신의 삼촌이라며 자신을 살려달라는 부탁을 한다. 이에 다른 사람들도 서넛이 그렇게 얘기하는데 그들 모두 인민군 군관 출신으로 죽음앞에서 무언가 치명적으로 추잡한 모습을 보여준다. 이에 화자는 '야하, 하늘에 저 별들 봐라. 야하 정말로 굉장하다.' 하며 평상적인 억양과 목소리로 지껄인다. 화자는 같은 말을 반복하면서 자신은 절대로 죽지 않을 자신을 갖는다. 대열참모는 마지막으로 이 일은 어디까지나 공평하게 처리돼야 한다면서, 오는 길에 어느 동네에선가는 '인공' 때 인민위원장의 로동당의 세포위원장까지 해먹던 자가 국군 수복 후에도 버젓이 그 동네 '리장'을 보고 있다며 우리만 이렇게 당한다는 것이 온당한 처사 같지가 않다면서 일을 공평하게 해야 하지 않겠느냐고 떼를 쓴다. 그러자 헌병은 '지옥 가는 길이면 누구라도 끌어넣어 같이 떨어져야 성이 차느냐'며 헌병들을 시켜 대열참모를 끌어내 흠씬 두들겨패준다.

죽음의 상황에서 인민군 군관을 했다는 '대열참모'가 보여준 행동은 의식적으로나 이념적으로 경박하고 깊이가 없다. 결국 이념에 경도된 인물은 죽음 앞에서 자신이 지녀온 이념을 부정하고 목숨을 구걸한다.

이는 인간의식을 갖지 못한 인물은 철저하게 이념화되지도 못하는 한계를 보여준다고 할 수 있다. 화자는 '별이 굉장하다'는 말을 반복함으로써 이러한 부정적 인물에 대해 방관하고 이러한 상황을 자신의 것으로 받아들이려 하지 않는 의식을 보여준다. 화자는 자신이 죽을 것 같지 않다는 예감대로 그 밤을 무사히 넘기고, 통천에 와서 청년단 부단장 직함을 가진 막내당숙을 만나 포로의 대열에서 빠져나오게 된다.

화자는 이념과 인간의식을 재단함에 있어, 인간의식을 우위에 둔다. 이념이 이념으로서 의미를 가질 수 있는 것은 인간에 대한 깊은 애정과 인간의식이 전제될 때 가능한 것이다. 그러나 북한 체제에 떠돌던 이념의 체제는 어떤 뿌리 없는 선전선동의 문구만이 휘날리는 범박한 것으로서 사상적으로 철저하지 못하다. 하지만 이러한 현실은 곧 인간의 현실과 있는 그대로의 관계와 현상을 용인하지 않고 인간의식을 인위적으로 조작하고 이념적 형식에 억지로 맞추려는 이념의 부정적인 단면이라 할 수 있다.

　마지막으로 화자는 세계를 '세계는 여러 사실에 의해서, 그것 모두가 사실이 되어 있다는 것에 의해서 결정되어져 있다. 왜냐하면 사실의 전부야말로, 바로 그렇다는 것도, 또한 그렇지 않다는 것의 모든 것도 결정하기 때문이다.' 라고 재단한다. 세계가 여러 사실에 의해서, 사실이 되어 있는 것에 의해서 결정되는 것이라고 생각한 것은, 인간과 인간 사이에 보이지 않는 마음의 길과 현실이 사실로 전제되어 있기에 그 결과도 결정될 수 있다는 세계의식을 보여준 것으로 이념적 체제가 인간의식을 제한할 수없음을 드러낸다. 또한 인간의식은 이념이 인간의식을 지배하지 않는 자유로운 체제에서 가능한 것임을 깨닫는다. 따라서 화자의 의식은 인간의식을 추구하는 점에서 체제지향적인 인물이 될 수 없음을 뜻하고, 자유로운 의식을 추구하는 인물로 드러난다.

V 고향의식

　근대사회의 성립은 르네상스와 종교개혁을 거처, 17세기 이래 18세기말에 이르는 시민혁명을 통해 이루어졌다. 이로써 인간은 결정적으로 불가측(不可測)한 자연의 횡포로부터, 신비로운 종교의 속박(束縛)으로부터, 그리고 절대군주의 자의(恣意)로부터 해방된다. 그러나 문제는 이러한 인간의 해방은 또 다른 측면에서 인간의 소외를 동반하고 나타난다는 점이다.

　다시 말하면 인간은 인간을 포함한 자연계의 모든 존재와 행위를 그것만이 갖는 특수한 의미나 가치를 사상(捨象)해 버림으로써 이것을 동질적인 것으로 파악하여 양적인 비교의 대상으로 하락시켜 버렸다는 것이다. 그리고 바로 이 같은 인간이나 사물의 동질화나 대상의 양적 인식은 자연적 현상이나 사회적 현상의 처리에서 보편화되고 인간의 경제적 활동 가운데서 그 실적적인 적용이 이루어지게 된 것이다. 그러나 문제는 이미 종교적 도덕적 베일을 벗어 버리고 개인적 이해관계에 탐닉하게 된 인간은 인간을 포함한 모든 사물의 동질화나 양적기술적 조작 가운데서 새로운 가능성을 발견하게 된 것이다. 즉 그들은 모든 가치나 특수성이 배제된 사물을 양적으로 이해할 뿐만 아니라, 이것을 이기적 입장에서 획일적으로 조작할 수 있게 만들었으니 이것은 그 이후의 종교개혁을 통해 강조된 소명(召命)으로서의 직업관과 시민혁명을 통해서 획득한 법 앞에서의 평등에 의하여 더욱더 심화되었던 것이다.

다시 말하면 근대사회는 사물의 동질화나 양적 기술적 조작을 통해 모든 사상의 물화(物化)를 촉진시킴으로써 살아 잇는 인간적 관계는 비인간화되고, 사물간에 나타나던 객관적 관계는 그 물신적(物神的) 성격을 점차 사회구조적인 제요소(諸要素)에까지 확대하게 되었으니, 근대사회의 계급간의 분열·경제적 양식·법률·철학 및 과학의 구조가 바로 이러한 사태를 반영하고 있는 것이다. 그리고 이같은 물화과정은 거의 같은 시대에 계기적(繼起的)으로 일어난 종교개혁과 시민혁명을 통해 더욱더 가속화되었다고 하겠다. 즉 종교개혁을 통해 신의 속박으로부터 일단 해방된 인간은 내적으로는 자유로운 주체로서의 자기를 확립할 수 있었으나, 외적으로는 신체적 육적 존재로서 한계를 벗어날 수 없으므로 그는 신을 정점으로 하는 생산유기체(生産有機體)의 일구성분자(一構成分子)로서 사회적 분업에 종사하지 않으면 안 되는 직업소명관을 내재화하도록 강요되었던 것이다. 한편 17~8세기의 시민혁명은 인간을 봉건적 속박이나 전제적 권력으로부터 해방시키는 데에는 결정적인 공헌을 했으나 그것이 성취한 것은 국민의 총체적인 의사를 표명한다는 법 앞에서의 평등이요 국민은 이 추상적인 법에 의해서만이 국가의 성원으로서의 자격을 획득하게 되었던 것이다.

이렇게 볼 때 구라파에서의 근대 시민사회의 형성은 종교적 속박이나 절대군주의 자의로부터 인간을 해방시켰으나 이 같은 인간 해방은 그 내면에 심각한 인간소외를 배태하고 있었다고 하겠다. 다시 말하면 근대 시민사회는 이 같은 객관적 상황 가운데서 이미 심각한 이율배반성을 내포하고 있는 것이다. 인간과 자연, 이성과 감성, 형상(形相)과

질료(質料), 자유와 필연, 개인과 사회, 이론과 실천 등의 이원적 구조는 근대사회에서 보편적으로 나타나는 현상으로서, 분화되고 단편화된 근대사회를 단적으로 표현해 주고 있다. 그렇기에 근대국가에서 있어서 인간이 시민사회의 일원으로서 이기적인 활동을 통해 스스로의 자연적 욕구를 충족하려면서도, 국가의 구성원으로서는 총체의사를 나타내는 법에 의해 타인과 연결된 상황은 근대사회의 이 같은 이율배반성을 명백히 해 주는 것이다.

이와 같은 시대적 상황에서 루소는 소외의 문제를 중요한 학문적 관심사로 부각시킨다. 루소는 근대 시민사회의 문제를 인간의 문제로 본다. 즉 시민사회의 문제는 국가와의 관계에서 이루어지는 것이기에 시민사회에서의 인간은 일면에서는 사인(私人)이며, 다른 면에서는 국민(國民)이 된다는 것이다. 따라서 그의 모든 저작활동이 한 인간에게 부여된 인간과 공민(公民)이라는 두 가지의 역할을 어떻게 하면 조화시킬 수 있느냐에 집중되어 있다. 그러나 이 두 개의 인간상은 서로 상반되는 것이기에 그는 이들 상반되는 두 개의 인간의 모습을 통합하는 것이 무엇보다 중요하다. 루소의 사회사상은 근대 시민사회에 나타나는 서로 대립하는 두 가지의 경향, 즉 인간을 우선하는 개인주의와 공민(公民)을 우선하는 시민적 질서를 어떻게 통합하느냐에 집중되어 있는 것이다. 그리하여 개인주의를 넘어서려는 그의 욕구는 먼저 이상화된 자연으로, 그리고 다음에는 이상화된 사회로 표상된 가상적인 환경에 개인을 통합시켰던 것이다. 그리고 이러한 이상적 환경 가운데서는 개인과 사회의 대립은 소멸될 뿐만 아니라 모든 인간과 사물이 서로 교통함으로써 인간은 바로 이러한 환경 가운데서 그 자신을 자유로이 개발하게 된다고 주장하고 있다.[1]

---

1) 정문길, 앞의 책, 20~28면 참조.

이호철의 문학세계를 압축하여 표현하자면, '탈향에서 귀향으로의 도정'이라고 할 수 있다.

따라서 그의 문학세계는 탈향이라는 고향을 떠난 소외의식에서 시작하여, 소외를 극복하여 진정한 의미의 이상적 고향으로 나아가는 도정이라고 할 수 있다.

그의 문학은 현실에 뿌리내려야 하는 삶의 문제와 고향에 돌아가야 한다는 귀향의지 사이의 갈등에서 출발한다. 고향을 향한 지향성과, 여기에서 일탈할 수밖에 없는 삶의 현실적 지향성이 한 인격체 속에 잠복되었을 때, 그 평형감각을 유지하려는 데서 생기는 긴장감이 이호철 문학의 원점이라고 할 수 있다.[2]

따라서 이호철 문학을 논의할 때 일반적으로 '실향민 문학'이라고 말한다. 이는 작가가 실향민으로서 한국 전쟁을 전후하여 월남한 사람들의 삶을 소재로 지속적인 창작을 해 왔기 때문이다. 실향민이 남한 현실 속에서 뿌리내리는 어려움이나 현실에 안주하고 정착하는 소시민의식에 대한 비판, 세태에 대한 날카로운 풍자에 이르기까지 그가 보여주는 꾸준한 작품활동의 토대는 실향민이라는 사회 역사적 조건에서 출발한다고 할 수 있다. 때문에 지금까지 그의 문학에 대한 연구도 대부분 실향 문제에 집중되어 왔다.[3]

이호철 문학에 이와 같은 긴장감을 형성시키고 있는 것이 다름 아닌 작가의 '고향의식'이라고 할 때, 이호철에게 있어 '고향의식'은 공동체의식이 살아있는 가치지향점으로써, 단순한 실향민으로서의 퇴행의식과는 구별될 필요가 있다.[4]

---

2) 김윤식, 〈성지의식(聖地意識), 체호프, 비트겐슈타인—이호철 문학의 원점〉, 《한국문학》, 2000 봄호, 206면.
3) 정명환, 〈실향민의 문학〉, 《창작과비평》, 1967년 여름호.
4) 강인숙, 〈이호철 소설 연구〉, 경희대 석사, 2002, 8월, 2~3면.

이호철의 고향의식은 고향에 대한 향수와 회복을 꿈꾸는 개인의식과 이상적 고향의식, 현실에서 적응하며 살아가는 내면의식으로 나누어 고찰할 수 있다. 고향은 개인에게 현재를 살아가게 하는 힘이 되고 터전이 될 수 있다. 따라서 실향한 상태에서 개인은 소외되고 고독할 수밖에 없는데, 이 시점에서 고향에 대한 의식을 조명하고 현재적 삶을 고향과 결부시켜 새로운 의미를 부여하지 않으면 개인은 영원한 소외와 뿌리 뽑힌 삶으로써 정착할 수 없게 된다. 따라서 고향을 떠나 새로운 공간에서 살아가는 개인의 내면적 의식을 조명할 때 고향의식과 현재적 삶에 대해 작가가 바라보는 본질적 의미를 이해할 수 있다. 또한 고향을 떠나 정착한다는 것은 한 개인이 사회에 소속되고 더 큰 세계를 지향해 나감으로써 가능하다. 그 사회의 한 일원으로써 뿌리를 내린다는 것은 그 사회가 지니고 있는 모든 가치를 수렴한다는 것을 의미한다. 따라서 이호철 소설에는 고향의식과 함께 새 땅에 정착하는 과정에 느끼는 이질감과 불안의식, 갈등 등이 주조를 이루게 된다.

1. 고향에서 벗어난 생활

'탈향'[5]은 작가가 고향을 떠날 때의 상황과 떠난 후 새로운 생활에 정착해나가는 과정에서 겪는 인물의 내면심리가 잘 나타나 있다. '탈향'은 현실에 적응하고 살아남기 위해서는 자신의 조건, 소외된 개인으로서의 조건을 인정하고, 그러한 조건을 넘어서서 새로운 생활 양식의 주류로 어쩔 수 없이 편입되어야 한다는 현실 논리의 자각을 보여준다. 그러나 그 가운데서도 잊혀지지 않는 고향의 모습은 새로운 현

---

5) 이호철, 〈탈향(脫鄕)〉, 《이호철 문학 선집 5》, 국학자료원, 2001.

실의 조건들을 모색하는 데 있어 굳건한 토대로 자리한다. 무조건적으로 적응하는 것만이 우선적이면서도 올바른 것이 아니라는 인식은 삶을 비판적으로 바라볼 수 있는 거리를 형성하게 하는데, 이는 지난 날 고향이 지니고 있었던 공동체적 삶의 조화로움과 넉넉함, 그 속에서 체득한 윤리의식을 작가가 끝내 버리지 못하고 있기 때문이다.[6] 작가가 지향하고 있는 고향은 바로 그와 같은 공동체의식이 살아 숨쉬는 공간인 것이다.

'탈향'의 주인공 광석, 두찬, 하원, 화자 '나'는 중공군이 밀려온다는 바람에 무턱대고 배에 올라타면서 고향을 떠나게 되었다. 이처럼 '탈향'은 고향을 떠나게 되는 상황부터가 어쩔 수 없이 떠밀려 떠나올 수밖에 없는 상황이었던 것만큼, 이들이 우연히 바다위에서 만났을 때는 미칠 것처럼 반가워하는 것처럼 주인공들의 마음은 고향을 떠나오기 전처럼 하나 된 의식으로 결합되어있는 상태이다. 고향땅에서는 이십촌 안팎으로나마 서로 아접 조카 집안으로 지냈기 때문에 이들은 고향에 갈 땐 꼭 같이 가야 한다고 약속을 하며 고향에 있을 때 가졌던 마음과 동일하게 서로를 묶는다. 그러나 고향으로 돌아갈 날이 아득해질 수록 광석과 두찬이는 제각기 다른 배포를 갖기 시작하며, 고향으로 못 돌아갈 바에는 다른 변통을 찾아야겠다는 마음으로 새로운 생활에 적응을 하고자 한다. 또한 어리숙하고 순진한 하원이는 광석과 두찬등의 사이가 멀어짐에 따라 '부산은 눈두 오지 않는다며, 고향의 장자골집 형수가 새벽에 물을 첫 바가지 푸는데 푸뜩 눈뭉치가 떨어져 뒷머리를 덮었는데 자신이 막 웃으니까 같이 웃었다는 등, 그 형수는 원래 잘 웃으며 새벽에 맨 처음으로 물을 푸러 온다는 등'의 고향 얘기

---

6) 하정일, 〈주체성의 복원과 성찰의 서사〉, 민족문학사연구소 현대문학분과, 《1960년대 문학연구》, 깊은 샘, 1998, 19~20면.

를 하며 울기에 바쁘다. 광석이와 두찬이 서로를 짐스럽게 여기는 것
처럼 나도 하원을 점점 짐스럽게 생각하게 된다. 따라서 새로운 생활
에 정착하고자 하는 이들에게 함께 지내는 인물들은 함께 살고 싶은
가족 같은 존재가 아니라 책임감만이 남아있는 하나의 짐으로 변하게
된다.

　여기에서 실향민으로서 남쪽 생활에 가장 잘 적응하는 인물은 광석
이다. 광석이 다른 인물들에 비해 주변머리가 좋아 인간관계를 잘 만
들어가는데, 광석이 남쪽 사람들과 친하게 지내면 지낼수록 광석과 친
한 두찬은 그러한 광석을 아니꼽게 바라볼 뿐이다.

　　광석이는 애당초가 주책이 없다 할까 주변이 있다 할까 엄범덤범 토
　박이 반원들과 얼려 막걸리 사발이나 얻어마시곤 했고, 주변좋게 보
　탬을 해서 북쪽 얘기를 해쌓고, 이렇게 며칠이 지났을 땐 어느던 반원
　들은, 나나 두찬이나 하원이와는 달리 광석이만은 오래 전부터 사귀
　어온 친구처럼 손을 맞잡고는,
　　"나왔나!"
　　"오냐, 느 형님 여전하시다."
　　"버르장머리 몬 쓰겠다. 누구보꼬 형님이라카노."
　　"자네 언제부터, 말버르장머리하곤, 허 요새 세상이 이래 노니."
　　농담조로 수인사가 오락가락했으니, 나나 두찬이나 하원이는 광석
　이의 이런 꼴을 멀끔히 남 바라보듯 바라다봐야 했다. 광석이는 차츰
　반원들과 얼려 왁자지껄하는 데 더 재미를 느끼는 것 같았고, 날이 갈
　수록 자신만만해졌다.[7]

　광석은 같은 실향민이지만 사교성이 좋아 남쪽 사람들하고 잘 어울

---

7) 위의 책, 14면.

렸다. 그러나 두찬이는 주변머리가 없고 무뚝뚝하여 광석이 화차칸에 작업반장을 데려왔을 때에도 퉁명스럽게 대하며 사교성이 없는 모습을 보여준다. 따라서 두찬은 광석이 남쪽 사람과 어울리고 자신만만해 하는 것에 못마땅하다. 두찬이 느끼기에 광석이 남쪽 생활에 적응을 하는 것은 고향에 대한 배반이라고 생각한다. 자신이 광석이처럼 행동하지 못하는 것에 대한 열등감도 있지만 광석의 행동에는 어딘지 고향과 자신들에 대한 배신감으로 다가올 수밖에 없기 때문이다. 따라서 광석이 갑자기 출발하는 화차에서 뛰어내리다가 왼팔을 잘렸을 때 나와 하원이 광석에게 가려할 때 두찬이 가지 못하게 막는 완악한 모습까지 보인다. 그것은 자신을 배반한 광석에 대한 복수심 때문이다.

그러나 광석은 조금 정신이 돌아왔을 때 두찬을 찾을 정도로 두찬에 대한 마음이 변하지 않았음을 보여준다. 죽음앞에서 광석은 두찬을 찾으며 자신을 오해한 것이라고 말함으로써 고향과 두찬에 대한 마음이 변하지 않았음을 말한다.

그런데 화자 '나'가 광석에게 가는 것은 광석을 구해줘야겠다는 의식보다는 고향에 갔을 때 조금도 부끄러움을 느끼지 않고 떳떳할 수 있을 것에 대해 더 큰 의미를 두는 것에서 화자 또한, 고향에 대한 마음자체가 이미 변해있음을 보여준다. 고향은 주인물들이 가고 싶은 곳이다. 현재 갈수 없는 고향은 현재적 삶에 대한 준거가 되고 판단의 기준으로 자리잡는다. 그러나 이러한 준거가 광석의 죽음 앞에서까지 작용하면서 고향에 대한 진정한 의미는 퇴색하게 된다.

이런 고향의 의미는 두찬에게서도 나타난다. 나와 하원이 광석을 장례하고 화찬 칸에 있을 때 두찬이 다시 나타나면서 함께 지내는데, 어느날 술을 많이 마신 두찬이 나를 원망하며 자신의 속마음을 털어놓는다.

두찬이 벌떡 일어나 앉았다. 화차문은 열어제친 채였다. 어수선한 바람이 몰아들었다. 두찬이는 머리칼을 앞으로 흩뜨린 채 내 곁으로 다가왔다. 구석에서 하원이가 다시 소리내어 흑흑 흐느꼈다.

"야, 너 오늘 죽여버린다. 어잉 이 새끼야, 넌 왜 그때 혼자만 간. 왜 날 붙들지 않안. 부르지도 않안. 그리고 이제 와선 괄세야, 이 새끼야. 그땐 암 말두 안 허군 이제 와서. 너 잘핸 것 같니, 잘핸 것 같애? 하늘이 내려다본다, 이 뻔뻔한 새끼야."

다시 하원이 울음소리가 뚝 그쳤다. 두찬이는 내 무릎을 움켜잡았다. 그러나 다시 그냥 벌렁 뒤로 나자빠졌다.

"어잉, 이 쥐길 새끼, 개새끼, 취핸 줄 아니? 취할 탁이 있니? 이 개새끼야, 요렇게 정신이 말똥말똥하다, 말똥말똥해. 왜 넌 암 말두 안 헌. 뛰디래 잡든지 칼침을 주든지 하잖구. 어허허허. 내, 이제 무신 낯짝으로 동네 가간, 어허허허 ……. 광석아아 ……. 광석아하아."

두찬이는 벌렁 자빠져서 화찬 안이 쩌렁쩌렁하도록 그냥 어이어이 울어댔다.[8]

두찬은 광석이가 다쳤을 때 나가 함께 가자고 하지 않은 것을 원망한다. 두찬이 광석이 다쳤을 때 가지 않은 것은 광석과 사이가 극히 좋지 않았을 때이니만큼 자존심이 곤두서있을 때였기 때문이다. 이런 자신을 나가 데려가지 않은 것을 두찬은 괴로워하며 원망을 한다. 나는 광석과 두찬의 관계에서 중립적인 위치에 있지만 두찬의 입장에서 볼 때 나는 자기 자신만 챙기는 뻔뻔한 인물로 치부된다. 그것은 자신이 광석의 죽음을 외면한 것에 대한 죄책감이기도 했지만, 나의 변해버린 마음에 대한 원망이기도 한다. 두찬은 이제 고향에 무슨 낯짝으로 가냐며, 고향에 가고자 하는 희망을 잃어버리게 된다. 고향에 갈 수 없다

---

8) 위의 책, 23~24면.

는 절망감은 두찬의 생활 전체를 절망적으로 지배한다. 두찬과 나, 하원에게 고향은 삶의 준거가 되고 희망이다. 따라서 고향에 갔을 때의 명목을 잃어버린다는 것은 현재의 삶에 대한 뿌리가 뽑혀진 것을 의미한다. 이와같이 고향의 의미의 퇴색은 곧 나와 하원에게도 적용된다. 두찬이 떠난 화차칸에서 나는 하원이가 일을 더 곱으로 해서 돈을 많이 벌어 동네에 같이 가자는 말을 들으면서 무언가 그리움으로 애가 탄다. 그것은 돌개바람 같은 것으로, 마음으로 하원이를 버리고 있는 것을 뜻한다. 나는 마음으로 하원을 버리면서 '아, 어머니!' 하고 외치는데, 하원이를 마음으로 버리면서 어머니를 생각하는 것은 하원이 상징하는 연대감이나 고향에 대한 의식에서 벗어나면서 느끼는 고독감이 어머니의 사랑을 갈구하는 형식으로 드러난 것이라 할 수 있다. 이로써 나 또한 하원을 버리면서 두찬, 광석, 하원, 나가 가졌던 같은 고향의 일가친척처럼 지냈던 연대의식은 깨어지고 고향에 대한 두터운 의식 또한 현재의 삶에 적응해가면서 깊은 고독 속에 봉착하게 되었음을 알 수 있다.

주인공들은 고향을 강제적으로 떠나왔지만 현실에 정착하기 위해 고향에서 가졌던 연대감과 공동체의식을 계속적으로 갖고 살수 없다. 탈향(脫鄕)으로 인해 생기는 연대의식의 와해는 작가로 하여금 고향에 대한 인식을 다시 한번 조율하고 그 의미를 생각해 보게 한다. 그것은 나상(裸像)[9]에서 주인공이 형에게서 느끼는 감정으로 나타나게 된다.

형은 둔감하고 위태하도록 솔직한 사람으로 가족들에게서조차 조금 모자란 사람으로 치부된다. 따라서 아버지는 애초부터 형을 단념하고 있었다. 동생은 형을 대할 때 늘 쓴웃음을 지으며 무시하는 태도로 일관했다. 이에 반해 어머니는 가족들이 형을 대하는 태도가 서러워 이

---

9) 이호철, 〈나상(裸像)〉(1955), 《이호철 문학 선집 5》, 국학자료원, 2001.

따금씩 찔금거리곤 한다. 그러나 형은 그러한 가족들에게 구애받지 않고 천하태평으로 편하게 지낸다. 사변이 일어나면서 형과 동생은 북의 포로로 잡혀 북쪽 후방으로 인계되어가는 과정에서 우연히 만나게 되면서 같이 생활하게 된다. 형은 '탈향'의 하원처럼 늘 울음을 그치지 않으며, 주위 사상(事象)들에 첨예한 관심을 가지며, 경이와 솔직한 모습으로 바라보며 늘 감탄하기에 마지않는다.

　"야하, 저 밤나무 굉장히 크다. 한 오백 년은 묵었겠다."
　"이젠 낮이 꽤 짧아졌구나이."
　"야아, 저 까마귀 떼들 봐라."
　하고는 머리를 이리저리 주억거렸다. 목소리도 뚜릿 뚜릿했다.—그러나 동생의 하얗게 야윈 얼굴에는 싸늘한 고요함이 감돌뿐이고, 같이 끌려가는 다른 사람들은 어이없다는 듯이 물끄러미 건너다보고, 둘레에 따르는 경비병들은 끼드득거리며 웃었다.
　—하늘 가운데로 또 끼륵끼륵 기러기가 울며 지나가고, 먼 어느 곳에선 이따금 개짖는 소리가 들려왔다. 형은 후들짝 놀라면서,
　"야아, 여기두 개가 짖누나이."
　"……?"
　"기러기가 또 지나가누나."
　잠시 동안 형은 차분하게 가라앉는 듯하더니, 다시 또 쿨쩍쿨쩍 울기 시작했다.
　—이따금 또 흠칫흠칫 놀라며,
　"야야, 너, 저 개 소리 듣니?"
　"……."
　"기러기 소리 듣니?"
　"……."
　사실 이따금 개가 짖고 하늘 가운데로 기러기가 울며 지나가고 하였

다. 형은 무슨 깊은 생각에나 골똘하듯 한참은 말이 없었다.[10)

    형은 포로로 끌려가면서도 주위 환경에 첨예한 관심을 보이며 표현할 정도로 순진하고 순박하다. 그러나 형이 주위의 자연에 관심을 가지는 것은 고향의 대한 그리움을 찾고 표현한 것이다. 개가 짖는 것이나 기러기가 지나가는 것은 고향에서 보아왔던 정경이기 때문이다. 형은 늘 집에 대한 그리움을 표현하고 집에 가서 이런 소리 저런 소릴 하면 모두 굉장히 웃을 거라며 집에 갈 것에 대한 희망을 놓지 않는다.

    그러나 동생은 형이 그러한 행동을 하는 것을 고향에서 그랬던 것처럼 싸늘하게 바라볼 뿐이다. 동생은 같은 핏줄을 가졌음에도 형의 행동에 대해 대구하거나 반응하지 않는다. 그러나 이러한 동생의 태도는 형의 따뜻한 마음과 행동으로 변모된다. 형은 자신의 행동을 보고 성을 냈다가 피식 웃곤 하는 경비병 앞에서 죽는시늉을 해서 수수밥 덩이를 얻어 밤마다 동생에게 반씩 나누어주곤 한다. 형은 밥을 못 얻은 저녁이면 더 흑흑 흐느껴 울곤 하는데, 그럴 때마다 자신이 혼자만 먹은 게 아니라고 변명을 하고, 다음날 밥 한 덩이를 가져오면 전부 동생 앞에 내밀기도 하면서 인간적인 면모를 보여준다. 그리고 어느 날 밤엔 동생이 가져다 준 밥 한 덩이를 다 먹어치웠을 때 문득 울음을 터뜨리기도 하는 순진한 모습을 보여준다. 이런 형의 따스함과 순수함에 동생은 자신이 가지고 있던 무심(無心)함에 대해 다시 한번 생각하게 된다.

    이렇게 며칠이 지나는 사이에 동생은 이런 형 앞에 지난날 스스로가 간직하고 있었던 오연함을 그대로 유지할 수 없을 뿐만 아니라, 형이

---

10) 위의 책, 27~29면.

남부끄럽다거나 창피하다거나 그렇지 않은 것은 물론이고 조금 어처구니없었으나 이런 형인 까닭으로 해서 도리어 마음이 개운해지는 것이 아닌가. 헤죽하게 두 팔을 들어올리는 싱거운 뒷모습이 오히려 어울리는 형의 모습이긴 하다! 생각하며, 이런 꼬락서니로 형과 만나진데 쓴웃음을 지으면서도, 이런 형일수록 오히려 형다운 것이, 어처구니없는 즐거움 같은 것조차 울컥 느껴지는 것이다. 종래의 모든 것을 사그리 체념해버리고 잃어버린 지금, 마음 밑바닥에 철저한 무심(無心)이 자리 잡고 있다고 자신하면서도 이런 형의 그 마음가락에 휩쓸려 들어가는 스스로를 의식하며, 벅차게 서러워오고, 지난날의 형에 대한 스스로가 후회되며, 더불어 엉뚱한 향수 같은 것이, 즐거움 같은 것조차 느껴지는 것이었다. 지금 이런 형에게서 의지, 논리로써 얻어진 신념 같은 것이 멀리 미치지 못할 어떤 위엄 같은 것조차 느껴지는 것이다.[11]

동생은 지난날 형에게 가졌던 무심함을 후회하며, 형의 마음가락에 휩쓸려 들어가며 엉뚱한 향수와 즐거움을 느낀다. 형이 보여주는 모습은 동생이 깨닫지 못했던 깊은 사랑이며 그리움이다. 따라서 형이 보여주는 태도는 어떤 표준의 울타리로 가둘 수 없는 것으로, 동생은 형으로 인해 삶의 표준에 대한 인식을 달리한다. 그러나 형이 행군도중 다리에 담증을 앓게 되면서 무슨 일이 생겨두 자신을 형이라 부르지 말라며 동생의 처지를 생각하다가 행군에 처지면서 총에 맞아 죽게 된다. 동생은 고향을 떠나 형을 만나면서 형이 보여주는 순수하고 순박한 행동으로 마음을 연다. 형이 보여주는 순박한 모습은 고향에 대한 그리움을 상징한다. 동생이 형에 대한 정을 회복하고 형을 그리워하는 것은 곧 고향에 대한 그리움을 표현한 것이라 할 수 있다. 형이 죽기

---

11) 위의 책, 30~31면.

전, 자신에게 무슨 일이 생겨두 울지두 말구 모르는 체만 하라고 할 때, 동생은 '야하, 눈이 내린다' 하며 형이 지껄일 소리를 대신한다. 이와 같이 동생이 형을 흉내 내는 것은 형에 대한 애정을 회복하고 형이 지니고 있는 고향에 대한 그리움을 공감하는 표현이다.

따라서 '탈향'에서 보여주는 공동체의식의 해체는 '나상'에서 순박한 형의 모습을 다시 조명함으로써 회복된다. '나상'에서 형은 '탈향'에서 하원처럼 고향에 대한 향수에서 벗어나지를 못하는데, 이러한 형에 대해 동생의 감정이 회복되고 형과 일치된 감정을 느끼며 형을 그리워함에 따라 고향에 대한 의미가 새롭게 정화되고 순수한 모습으로 되살아나게 되는 것이다.

2. 왜곡된 기다림

고향에 대한 그리움은 고향을 떠나 살게 되는 현실에서 기다리는 형식으로 나타날 수밖에 없다. 또한 고향에 대한 그리움은 이별한 가족을 기다리는 형식으로 나타날 수 있다. 그러나 고향에 갈 수 없거나 가족을 만날 수 없음에도 그것에 집착을 할 경우에는, 기다림은 고향에 대한 그리움의 표현이 아니라, 현실에서 정상적인 삶을 살지 못하게 하는 장애물이 되고 만다. 이런 일환에서 '무너앉는 소리'[12]는 고향을 기다리는 인물들이 과거에 집착함으로 인해 현실세계가 무너지고 인물들의 의식이 분열되는 상황을 보여준다.

이북으로 시집간 맏딸과의 이별은 가족들에게 커다란 충격을 가져온다. 따라서 아버지를 비롯한 집안 식구들은 어떠한 동적인 활동을

---

12) 이호철, 〈무너앉는 소리〉(1963), 《이호철 문학 선집 5》, 국학자료원, 2001.

하지 않고 오로지 12시에 큰 딸이 나타날 거라는 것을 믿으며 기다릴 뿐이다. 이들에게서는 어떠한 노동이나 생동적인 일을 하는 모습을 찾을 수 없다. 그러므로 일상에서 느끼는 것은 무의미함이며 이로 인해 광적인 모습이 표출될 뿐이다.

소설에서 주요 인물은 은행장에서 은퇴한 일흔이 넘은 늙은 주인과 며느리 정애, 아들, 막내딸 영희, 영희의 약혼자 선재이다.

아버지는 귀가 멀고 말을 못하는 반 백치로 정애와 영희와 함께 맏딸을 기다리면서 맏딸이 올거라는 희망을 버리지 않는다. 정애는 아버지의 진짜 딸처럼 아버지를 잘 섬기는 대신, 남편과는 눈도 마주치기 싫어할 만큼 관계가 서먹한 상태일 뿐이다. 영희는 이러한 비정상적인 상황을 객관적으로 판단해 이와 같은 환경에서 벗어나고 싶어 하는 인물이다. 따라서 소설은 이러한 영희의 시각에서 진행된다.

영희의 가족들이 돌아오지 않는 언니를 12시까지 모여 한자리에서 기다리는 것은 무모함을 넘어서 비현실적이며 비정상적인 모습이다. 따라서 이들의 기다림은 고향과 가족에 대한 순수한 그리움을 벗어난 왜곡된 감정과 생활의식을 보여줄 뿐이다. 따라서 이들이 보여주는 왜곡된 기다림은 무너져야 한다. 이것이 무너지지 않을 땐 현실의 삶이 또한 왜곡될 수밖에 없기 때문이다. 이와 같은 인식은 영희와 정애의 내면에 크게 깃들여 있다. 따라서 먼 곳에서 들려오는 쇠붙이 소리는 비정상적인 기다림을 무너뜨리는 상징적인 기제로 작용되면서 영희와 정애는 점점 커져가는 소리에 공포를 느끼게 된다.

> 먼 어느 곳에서는 이따금 여운이 긴 쇠붙이 뚜드리는 소리가 들려왔다. 밑 거리의 철공소나 대장간에서 벌겋게 단 쇠를 쇠망치로 뚜드리는 소리 같았다. 근처에 그런 곳은 없을 것이었다. 그렇다면 굉장히 먼 곳일 것이었다. 굉장히 굉장히 먼 곳일 것이었다. – 그 쇠붙이에 쇠

망치 부딪치는 소리는 여전히 간헐적으로 이어지고 있었다. 밤내 이
어질 모양이었다. 자세히 그 소리만 듣고 있으려니까 바깥의 선들대
는 늙은 나무들도 초여름 밤의 바람에 불려서 그런 것이 아니라 저 소
리의 여운에 울려 흔들리고 있었다. 저 소리는 이 방안의 벽 틈서리를
쪼개고도 있었다. 형광등 바로 위의 천장에 비수가 잠겨 있을 것이었
다. ─저 소리는 기어이 이 집을 주저앉게 하고야 말 것이다. 집지기
구렁이도 눈을 뜨고 슬금슬금 나타날 때가 되었을 것이다. 그리고 향
연이다. 마지막 향연이다. 유감없이 이별을 고해야 할 것이다. 모두
유감없이 이별을 고해야 할 것이다.[13]

소리는 '굉장히 굉장히 먼곳'에서 들려오는 것으로 그 먼 곳은 과거
의 시간을 상징한다. 그러나 과거의 시간이 현재의 사물들에 영향을
미치고 방안의 벽 틈서리를 쪼갬으로 과거의 시간은 현재의 시간을 점
령하고 침몰시키려 한다. 영희는 결국 이러한 가족들의 무모한 기다림
이 가족들을 주저앉게 할 것이라고 생각하며 기다림을 끝내야 한다고
인식하게 된다. 과거의 시간과의 이별은 곧 '마지막 향연', 무모하지만
막연하게 기다리는 것이 어떤 기다림도 없는 것보다 삶을 의미 있게
한다는 역설을 보여준다. 그것은 온 가족이 기다리는 12시에 복도의
문이 열리면서 식모가 나타나는 것을 보고 영희가 발작을 일으키듯 언
니가 왔다며 모두의 기다림을 적의와 분노로 표출함으로써 기다림의
허구가 공공연히 드러난다. 이 일 후 영희와 정애는 아버지를 따뜻하
게 돌보지 않고 오히려 아무렇게나 소파에 버려둔다. 가족들은 더이상
언니를 기다리지 않으면서 가족들이 공유하는 마지막 끈마저 사라지
게 된다.

---

13) 위의 책, 120면.

늙은 주인은 그냥 어두운 밖을 내다보고 있었다. 결국 이렇게 그들은 누구인가를 기다리고 있는 셈이었다. 늙은 주인은 맏딸을, 정애는 아직 한 번도 본 일이 없는 맏시누이를, 영희는 언니를, 성식은 누님을 기다리고 있는 셈이었다. 그러나 사실은 그 누구도 분명하게 기다리고 있다는 의식은 없었다. 도대체 그건 말도 안 되는 소리였다. 그저 모두가 막연하게 기다리고 있다고 생각하고 있을 뿐이었다. 그런 것이라도 없으면 한 집안에서 한 가족이라고 살 명분조차 없게 되는 셈이었다. 이제는 이런 일에 적당히 익숙해진 터였다. 그리고 이제는 이런 일에 모두 너덜머리를 낼만도 하였다. 결국 이 기다림의 향연은 늙은 주인 맏딸이 돌아온다고 고집을 부리면 맞이할 준비들을 해야 하는 것이었다.[14]

영희의 가족들은 누군가를 기다리면서도 '그 누구도 분명하게 기다리고 있다는 의식이 없을' 정도로 진짜로 맏딸이 돌아올 거라는 것을 믿는 기다림이 아니다. 이러한 기다림은 곧 이들을 한 가족으로 살게 하는 명분이 되고 끈이 된다. 하지만 그 끈이 허구적이고, 현실과 배치됨으로써 기다림이라는 허구적인 끈으로 가족을 하나로 만드는 것 또한 의미가 없어진다. 그러나 이들에겐 맏딸을 기다리는 과거지향의 삶 외에는 현실세계에서 가족으로 살게 할 명분이 없다. 과거와의 단절은 곧 가족을 해체시키고 인물들의 내면을 분열시키기 때문이다. 따라서 맏딸을 기다리지 않고 과거의 시간을 단절하게 되었을때 이들이 느낄 수 있는 것은 절망적인 색채일 뿐이다.

결국 이 집안 사람들은 무슨 일이건 처리하고 치러낸다는 것에 이미 절망하고 있는 셈이었다. 바깥은 바람이 세고 노상 소용돌이가 친다.

---

14) 위의 책, 126면.

그러나 시간은 이 집채에 닿아서는 서서히 굼벵이 걸음을 걷다가 무
참히도 정지되어 물큰물큰 열기를 뿜는다. 시간은 그렇게 살이 찌고
부어오르고, 그리고 이 집안사람들은 지치고, 어떤 사소한 일이건 무
겁게 무겁게 감당을 해야 하는 것이다.[15]

영희의 가족들은 어떤 일이건 절망을 하는데, 그것은 과거의 시간과
의 단절에서 온 결과이다. 과거의 시간을 무모하게 기다린 것이 허구
적인 것처럼, 과거의 시간을 버린 시간도 무의미한 시간으로 일관됨으
로써 고향과 가족을 떠나있는 마음의 상태는 어떤 것으로도 보상 되거
나 회복되지 못한다.

"우리 탓은 아니야. 알겠어? 사람들이 모두 달라져야 할 텐데 말야.
달라질 수가 없거든. 뒤에서 붙들어주는 것이 없어서 이런 거야. 규범
이래도 좋고 믿음이래도 좋고 신념이래도 좋아. 하여튼 그런 것이 있
어야 돼. 가도 가도 헤아릴 수 없는 수렁뿐이니 말야. 새로운 기운은
여기와는 다른 아득한 차원에서 일어오르고 있는 것이야. 알겠어?"
　-참 아버지두 그날 이후로 달라지셨어요. 마지막 바람도 포기하고,
저렇게 잠만 많이 주무시지 않수. 이북에 있는 언니도 찾지 않구, 보
채지도 않으시구, 사그라져가는 불길 같은데, 식욕은 더 왕성하구. 참
이상한 일 아니우?"
　-영희는 정애의 표정만 보고도 대번에 파랗게 질렸다. 쿵 쿵, 울리
고 있었다. 집 속의 깊은 어느 진수에서 울려나오는 소리일 것이었다.
흡사 식물질로 몇 백 년 묵은 나무뿌리 같은 것이 맞부딪치는 것 같은
소리였다. 쿵 쿵.
　-"아이, 소리가 무슨 소리유?"

---

15) 위의 책, 147면.

영희가 신경질적으로 큰소리로 말했다.

"정말 안 들리우?"

"난 안 들려요."

순간 전등이 꺼졌다.[16]

영희와 약혼한 사이면서 영희네 집에서 살고 있는 선재 또한 임신하여 자신을 찾아온 여인에게 '모두 달라져야 하는데 규범이나 믿음, 신념들이 뒤에서 붙들어 주지 않기에' 달라질 수 없다는 말을 한다. 결국, 영희의 가족들은 과거에서 벗어나 현실 속에서 또 다른 가치를 지향하며 살아야 하는데, 현실 속에서 그러한 가치를 발견하지 못하기 때문에 동일하게 무의미한 삶을 살 수 밖에 없다. 따라서 쇠붙이 소리로 들려오는 틈새는 집 속의 어느 진수에서 울려나오는 듯한 소리로, 정애의 내면에 큰 소리로 들려오면서, 집이 주는 연대감과 내면의식이 무너지는 것을 상징한다. '무너앉는 소리'는 규범, 믿음, 신념을 찾지 못한 인물들의 내면을 뜻하는 것으로, 새로운 세계에서 어떠한 가치도 발견하지 못한 절망적인 세계인식을 드러낸다. 과거와 현재의 모든 가치와 신념, 믿음 등이 무너지는 내면의 정황은 현실 속에서 고향에 대한 기다림을 대체할 어떠한 가치도 발견하지 못한 절망적인 상황을 나타낸 것이라고 할 수 있다.

3. 이상적 고향의식

고향을 떠나 온 실향민에게 낯선 땅에서 생활해야하는 것은 임시변

---

16) 위의 책, 151~156면.

통적인 삶일 수 밖에 없고 임시적인 삶이어야 한다. 새로운 땅에 뿌리를 내리고 정착을 하는 것은 고향을 배반하는 행위일수 있기 때문이다.

'탈각'[17]은 고향을 떠나온 같은 처지의 인물인 동연, 형석, 필구가 형석의 집에서 함께 살면서 같은 고향 사람끼리만이 느낄 수 있는 한 울타리 의식, 성지의식을 느끼며 고향의식을 추구하는 소설이다. 동연은 고향에 있을 때 연대장이라고 딸을 덜컥 준 아버지로 인해 강 준장을 따라 남한에 왔다가 강 준장에게 아내와 아이가 있다는 걸 알고 딸 혜선을 데리고 형석이네서 살고 있는데, 혜선의 아버지인 강 준장이 혜선을 만나러 오더라도 동연은 강 준장을 집 안으로 들이지 않는 외고집을 보여줌으로써 성지의식 같은 것을 지키려 든다. 필구 또한 형석이 세탁소를 차리고 이남 여자와 살림을 차린 걸 보고, 아주 여기 눌러앉을 셈이냐며 비웃으면서 고향에 대한 강한 의지를 보여준다. 형석 또한 세탁소를 차리고 결혼까지 했지만 세탁소등 자리를 잡아갈 때 고향친구인 필구를 찾으며 고향에 대한 향수와 의식을 강하게 비쳐준다. 형석이 남쪽에서 가장 먼저 자리를 잡음으로 동연과 필구가 형석의 집에서 같이 살아가는데, 형석은 동연과 필구가 점점 깊은 사이가 되어가는 것에 조바심을 느낀다. 둘의 사이가 좋아진다는 것은 자신만이 소외되고, 결국엔 그들의 얼굴을 통해서 고향을 느끼는데 그것마저 허락이 되지 않게 되고 자신만 고향에 돌아갈 수 없는 상황이 될 거라는 두려운 마음이 들기 때문이다.

그리고 적어도 이렇게 형석이 지금 '집안'이라고 쓰는 용어에는, 정확히 의식했건 안 했건 저들 셋이 그 소위 '성지의식', '고향의식' 같은 것이 밑자락에 깔려 있는 것은 물론이었다. 셋의 이 고향의식이 지

---

17) 이호철, 〈탈각〉(1959), 《이호철 문학 선집 5》, 국학자료원, 2001.

속되는 한에서는 고향으로 돌아갈 여지가 아직 남아 있을 수가 있으
나, 그것이 깨부숴지는 날에는 지금의 이 고향과의 아슬아슬한 연줄
도 마지막으로 끊어지면서, 물 설고 낯 설은 이 타향에 주저앉게 될밖
에 길은 달리 없을 것이라고, 누구보다도 단순하고 직정적인 성격인
형석이 셋 중에서 그런 의식이라면 누구보다도 강했을는지도 모른다.
－단지 형석은, 이제 새로 시작되는 제당회사만 잘돼 봐라, 필구에겐
종로 복판이나 명동 어귀에 큰 세탁소를 차려주고, 동연에게도 집 한
채쯤 사주지 않으리, 하고 괜스레 뻑적지근한 욕심만으로, 고작 이런
것이 이즈음 들어서의 형석의 '고향의식' 이라는 것의 솔알맹이였다.
그러나 일언이폐지하고 형석으로서는, 동연이 독자적으로 당구장을
샀다는 그 사실을, 이제까지 셋이서 귀하게 나누어온 이 성지(聖地)를
깨부숴버리게 되는 첫실마리로 외고집으로라도 되새김질하며, 세상
에 이런 법이 없느니라, 고향이 지척이다, 고향이 지척이야, 하고 악
을 쓰듯이 뇌곤 하는 것이다.[18]

　형석은 자신의 집에서 동연과 필구와 함께 살면서 고향의식을 느끼
고, 이런 고향의식이 지속되는 한에서는 고향으로 돌아갈 여지가 남아
있을 수가 있다고 생각하며, 서로의 얼굴에서 고향을 느끼면서 살아가
기를 원한다. 따라서 이러한 상태가 깨지게 되면 곧 고향의식이 사라
지고 타향에 그냥 주저앉게 되어버릴까 두려워하기 때문에 동연과 필
구가 잘되는 것을 원하지 않는다. 형석은 제당회사만 잘 되면 동연과
필구를 물질적으로 도와줄 생각을 하며 자신의 고향의식에 변함이 없
음을 자부한다. 그러나 이러한 관계는 동연이 독자적으로 당구장을 사
게되고 형석이 도와줄 빌미가 없어지면서 깨어지게 된다. 또한 형석은
필구와 동연이 함께 밖에 나갔다가 들어왔다는 소리를 들은 후, 둘이

---

18) 위의 책, 66~67면.

합치게 되었다고 생각해서 필구에게 찾아와, 고향이 지척인데 어떻게 그러냐며 당장 나가서 살라고 고함을 지른다. 형석은 같은 고향사람끼리 함께 살고 같은 고향의식을 가질 수 없다는 것에 안타까워한다. 형석 자신은 이남 여자와 잘 살고 있고 사업까지 잘되어가는 것이 고향 앞에 떳떳하지 못하고 왠지 자신감이 없어진다. 또한 동연과 필구가 결혼해 같은 고향의식을 꿈꾸는 것을 부러워하면서도 자신만이 소외되었다는 생각에 견디지 못한다.

> "이전 법이 없으니라아, 이런 법이, 우리 나라 역대루 이런 법이 없느니라아. 흥, 필구, 동연이 니들 둘만 고향 돌아간 턱이로군, 고향. 나 혼자만 남겨두구, 둘이 손잡고 고향 돌아가는 턱이로군, 나 혼자만 남겨두구. 나는 타향 나와서 완전하 타향사람 되어버리구, 니들 둘만 나란히 고향 돌아가는 턱이로군. 오붓허게 고향 냄새나게 알뜰하게 고향 모습 보이게 자알 살아라, 자알 살아, 이 년놈들아. 하늘이 내려다본다, 하느리. 내 소리 다른 게 아니다. 억울하다는 소리다, 억울하다는 소리야, 천만 번 억울하다는 소리다."
> −"따지구보면야, 대체 고향이라는 게 뭐요? 뭐냔 말이에요?−고향이라는 건 저 깊이깊이, 말로 다 못하게 귀한 것이 있잖우? 우리 피차의 낯짝만 해두. 안 그래요? 우리 서로 낯짝만 보아두 뭔가는 분명히 있잖우."−"필구 오빠두 어서 나와요, 어서요. 그렇이까 오날부터 이 집은 바로 세계로 통한대나. 형석 오빠, 안 그렇수?"[19]

위와 같이 형석이 이남에서 결혼을 하고 정착을 하고 잘 살아가면서 동연과 필구가 결혼을 하는 것을 거부하는 것은 고향에 대한 의식이 폐쇄적으로 자기감정에만 집착해 있기 때문이다. 동연, 필구, 형석이

---

19) 위의 책, 77면.

같은 고향 사람이고 같은 고향의식을 지녔다는 것이 곧, 이들의 생활 자체를 묶을 수 있는 빌미가 될 순 없다. 따라서 언제 가게 될지도 모를 고향에 대한 집착은 곧 현재의 시간과 충돌될 수 밖에 없는 것이다.

따라서 새 땅에서 살아가자면 새로운 고향의식으로 변모해야 한다. 고향에 대한 그리움으로 과거에 집착하고 현재의 삶을 살아나가지 못한다는 것은 건강한 삶이 될 수가 없기 때문이다. 자신들을 향한 형석의 집착에 동연은 고향에 대한 의식부터 달라져야 하고, 변해야 한다는 것을 강하게 주장한다. 언제 갈지 알수 없는 고향에 대한 집착보다는 함께 살아가고 서로 어울리면서 이 집을 고향으로 삼고 세계로 열어놓을 때 고향에 대한 그리움이 현재의 삶과 충돌을 일으키지 않고 진정한 그리움으로 남을 수 있다. 이는 필구가 동연을 안으면서 자신들이 이미 고향에 돌아와 있는 것으로 생각하는 장면에서 고향에 대한 인식이 현재의 시간으로 확대되어 변모되었음을 보여준다.

"형석 오빠의 제당회사도 그렇구, 내 당구장도 그렇구, 세탁소도 그렇구, 직업이 모두 건강하지는 못해요. 그렇죠? 생산적이지는 못 되지 않우? 그렇죠? 모두가 소비성이 아니냔 말이에요. 허지만 이건 꼭 우리 탓은 아니지요. 세상 흐름이 그렇고, 이 바닥이 그렇게 생겨먹어 있는 걸. 그러니 우리도 앞으로 살아가자니 어쩔 수 없는 거구요. 허지만 적어두, 우린 마음속으로라도 최소한 마음속으로라도, 건강한 것만은 견지하고 있어야 해요. 최소한 마음속만으로라도 굳건하게. 돌아가는 날까지요."

그렇다 돌아가는 날까지, 하고 필구도 같이 덩달아 받으려다가 문득, '돌아가다니, 돌아가다니, 대체 어디로 돌아가?' 하고 생각하며 '이미 이렇게 돌아와 있는 것이 아닌가, 여기 이 방이, 동연과 단둘이 있는 이 방이 바로 고향이 아닌가. 그러구 따로 떨어져 살긴 할망정

형석이랑 모두 함께 법석대며 돌아와버린 것이 아닌가.' "아암, 돌아
가야지, 돌아가야 하구말구, 돌아가야 하구말구."하고 받곤, 앉은 채
동연을 와락 끌어안았다. 그런 필구의 눈앞에 오늘따라 고향 산천의
풍물 하나 하나가 눈앞에 환하게 펼쳐지며 절절하게 손에 잡힐 듯이
다가들었다.[20]

동연, 필구, 형석은 새 땅에서 살아가면서 고향에 돌아갈 것을 늘 생
각한다. 동연은 자본주의적 소비성이 강한 일을 하고 있지만, 이 속에
서 이들을 지탱하고 건강하게 해줄 수 있는 근거는 마음으로 건강한
것을 지키고 돌아갈 날을 기약하기 때문이다.

현실을 무시한 채 고향의식만을 추구하는 삶은 건강한 삶이 될 수 없
다. 현재의 삶에서 언제 어떻게 갈지 알 수 없는 고향은 현실에서 이상
적 고향의식으로 남아있을 수밖에 없다. 그러나 이상적 고향의식이 현
재의 삶을 건강하게 살아가는 근거로 작용한다면 그것은 현실과 연관
된, 현실속에서 의미를 지닌 건강한 의식이다. 따라서 이호철 소설의
고향의식은 척박한 현실을 살아가게 하는 근거로 자리잡으며 현재의
삶을 더욱 건강하게 살아가게 하는 힘으로 작용한다. 그러나 고향의식
이 현실의 삶을 건강하게 비추는 근거가 되기 위해서는 먼저 고향에
대한 의식이 과거에로 집착되는 것이 아니라 현실의 시간속에서 고향
의 의미를 발견하고 고향의식을 가질 때에 가능한 것이다.

따라서 형석이 동연과 필구를 이해해주고 축하해주면서 동연과 필구
또한 눈물을 글썽이면서 서로 마음을 터놓음으로써 고향에 대한 의식
이 새롭게 변모되었음을 알 수 있다. 이처럼 진정한 고향의식은 서로
의 현재의 처지를 이해하고 이해받음으로써 회복될 수 있다. 이는 고

---

20) 위의 책, 82~83면

향에서 공유했던 공동체의식을 현재의 삶에서 형성해 나갈 때 고향의
식이 현재의 삶에서도 회복될 수 있음을 의미한다.

4. 과거시간에 대한 불안의식과 현재의 삶이 주는 이질감

고향을 떠나와 남쪽에서 새 삶을 시작하고 정착하는 데에는 많은 정
신적, 사회적 혼란과 함께 가치의 정립이 요구된다. '큰 산'[21]과 '이단
자(4)'[22]는 새 삶에 정착하면서 과거의 시간이 현재의 삶에 영향을 줄
것에 대한 불안의식과 현재의 삶에서 느끼는 무의식적으로 갖게 되는
이질감, 앞으로 나아가야 할 의식의 방향을 조명해주는 소설이다.

'큰 산'의 화자 '나'와 아내가 사는 동네는 텔레비전 안테나가 무성
하고, 갓 대학 출신의 젊은 샐러리맨 부부가 많이 살고 있을 정도의 중
산층의 삶을 살고 있다. 이들은 어느 정도 현재적 삶에 잘 적응하여 성
공한 삶을 살고 있는 것이다. 그러나 동네가 잘 사는 곳임에도 근처에
서 가끔씩 굿을 하는 꽹과리 소리가 요란하게 들리고는 하는데, 꽹과
리 소리가 들릴 때마다 아내와 나는 무엇엔가 쫓기듯 예민해지거나 불
길한 것이 손끝에 닿는 것처럼 그런 쪽의 얘기는 하려 하지 않는다. 이
처럼 나와 아내가 꽹과리 소리에 불안감을 느끼는 것은 '굿'이 지니고
있는 죽음의식들이 과거의 시간에서 현재의 시간에 영향을 미쳐 현재
의 삶을 깨뜨릴 것에 대한 공포이다. 굿으로 상징화되는 불안의식은
어느 눈 오는 날 하얀 남자 고무신짝 하나가 대문 옆 블록담 위에 놓이
면서 구체화된다. 담장 위에 놓인 고무신은 나와 아내에게 단순한 신

---

21) 이호철, 〈큰 산〉(1970), 《이호철 문학 선집 5》, 국학자료원, 2001.
22) 이호철, 〈이단자(4)〉(1973), 《이호철 문학 선집 5》, 국학자료원, 2001.

을 뛰어넘어 깊은 내면 속으로 깊이 파고들어 불안의식을 일깨운다. 이는 나에게 고무신에 대한 공포가 있기 때문이다. 나는 국민학교 4학년 때 비 오는 속의 무밭에 검정색 '지까다비' 신 한짝이 처박혀 있는 것을 보고 공포에 떤 일이 있다. 나는 '지까다비' 짝을 그토록 무섭게 생각하는 까닭을 '지까다비가 지닌 평범하고도 단순한 용처를 떠나 생판 엉뚱하게도 무밭에 처박혀 있어서 그 지까다비가 지까다비로서의 노선 혹은 룰에서 벗어져나온 그 점이 공포로 작용'했던 것이 아닐까 추측한다. 신발은 누군가 다 닳아서 한 짝은 무 밭에 한 짝은 이렇게 무밭 가장자리로 버려버렸을 수도 있으나, 어릴 때 그 장면을 공포감으로 느끼게 된 것은 비가 쏟아져 큰 산이 보이지 않을 거라는 예상으로 마음이 허전하고 쓸쓸해져 있기 때문이었던 것이다.

비가 이 정도로 쏟아지는 날에는 '큰 산'이 구름에 깜북 가려진다는 점이었다. 그 '큰 산'이 가려지면, 여느 때는 그 '큰 산'에 의지하면서 각각이 각각의 분수 나름으로 얌전히 있던 가까운 주위의 야산들이 갑자기 시커멓게 뚜릿뚜릿해지며 그로테스크한 외양으로 변해버리는 것이다. 그리하여 들판도 의지할 데를 잃어버리며 그로테스크한 외양으로 변해버리는 것이다. 그리하여 들판도 의지할 데를 잃어버리며 한결 가라앉는다. 온 누리는 그렇게 갑자기 균형을 잃고 썰렁해지고, 개개의 것들이 개개 나름으로 저를 주장해 나서며 티격태격거리기 시작하는 듯이 보이는 것이다. 그것이 어째서 그렇게도 쓸쓸하게 느껴졌던 것일까.

우리 마을 서쪽 멀리 청빛의 마식령 줄기가 가로 뻗어갔는데, 마을 사람들은 이것을 '큰 산'이라고 불렀다. 내 경우 이 '큰 산'은 그곳에 그 모습으로 그렇게 있다는 것만으로 항상 나의 존재의, 나를 둘러싼 모든 균형의 어떤 근원을 떠받들어주고 있었던 것이다. 내가 태어난

뒤 가장 먼저 익숙해진 것은 어머니의 젖가슴이었겠지만, 두 번째로
익숙해진 것은 '큰 산'이었을 것이다.[23]

'큰 산'은 주인공을 둘러싼 모든 균형의 어떤 근원을 떠받들어주고
있던 것이다. 큰 산이 보이지 않는 것을 보고 나는 쓸쓸함과 함께 불
안감, 공포감을 느낀다. 이런 상태에서 고무신 한짝을 본 것은 큰 산
이 사라진 것에 대한 공포와 함께 공무신을 죽음의 상징으로 인식하는
계기가 된다. 따라서 큰 산이 보이지 않는다는 것은 주인공을 둘러싼
세계의 혼란을 뜻하며, 존재의 균형이 흔들리는 불안의식을 느끼는 것
을 뜻한다.

신발이 있어서는 안 되는 곳에 놓여있는 것에 대한 공포는 큰 산에
의지하던 주인공의 마음이 약해져 있었기 때문이다. 또한 신발이 놓여
있어야 할 곳이 아닌 곳에 놓여있는 것에서 주인공은 큰 산의 부재로
인한 혼란과 죽음의식까지도 느끼게 되는 것이다. 따라서 현재의 시간
에서 담장 위에 놓여진 하얀 고무신을 보고 나와 아내는 지극히 예민
해져 불안감을 떨쳐내지 못한다. 이는 현재의 삶을 지탱해주고 균형잡
아 줄 큰 산을 이미 어디에서도 발견할 수 없기 때문이다. 이에 나와
아내는 고무신을 시멘트 덩어리 쓰레기통에 버리지만, 집에 종일 있던
아내는 그 미심한 느낌에서 벗어나지 못해 어두울 무렵 고무신짝을 다
른 집의 담장 너머로 던져버린다. 그러나 열흘 쯤 지나서 어느 눈오는
날 고무신은 다시 집안에 들어와 있다. 고무신은 동네 사람들이 각자
의 두려움을 떨쳐버리려는 소치로 돌고 돌아 결국 나의 집에 다시 돌
아오게 된 것이다. 사람들이 고무신을 다른 집으로 던져 넣는 것은 '그
렇게 액은 이웃집으로 옮겨놓고, 제 집은 일단 마음을 놓자는' 이기심

____

23) 이호철, 〈큰 산〉, 388면.

에 사로잡힌 미신적인 행위의 하나이다. 현대적인 교육을 받았음에도 고무신 하나에 마음을 놓지 못하고 다른 집의 담장으로 넘기는 것에서 사람들에게도 나와 마찬가지로 과거의 시간에 대한 불안과 죽음의식, 공포, 그리고 현재적 삶이 흔들릴 것에 대한 두려움이 있음을 알 수 있다. 이는 근본적으로 '큰 산'으로 나타나는, 단단하게 뿌리를 내릴 곳이 부재한 결과이며, 삶을 받쳐주는 믿음을 상실한 결과이다. 이로써 아내는 그러한 불안의식에서 벗어나기 위해 버스를 타고 멀리까지 가서 고무신을 버리고 돌아옴으로써 불안감을 떨쳐내려 하지만, 근본적으로 큰 산이 주는 믿음과 균형감이 회복될 수 없기에 주인공의 마음은 여전히 불안과 두려움에서 자유로울 수 없다.

이렇게 현재의 삶에 대한 불안감은 '이단자(4)'에서 과거의 시간이 현재적 삶을 지배하고, 현재의 삶을 위태롭게 할 것에 대한 불안감으로 나타난다. 그러나 주인공 현우와 아내가 과거의 시간에 대해 두려움을 느끼는 것은 이들 또한 현재적 삶에 대한 분명한 가치기준과 판단을 정립해놓지 못한 결과이다. 과거의 시간에 큰 산이 든든한 버팀목이 되고 삶의 기준, 규범, 신념이 되었던 것처럼, 현재의 시간속에서도 큰 산이 상징하는 또다른 새로운 삶의 기준과 규범, 신념이 만들어져야 한다.

'이단자'는 불안의식의 규명과 함께 새로운 삶의 가치를 향해, 현재의 시간에 울타리 쳐놓은 잘못된 틀을 깨어내는 과정과 앞으로 지향해야할 가치의 세계를 보여준다.

'이단자'의 주인공인 현우는 실향민으로 남한에서 살지만, 글을 쓰는 문사로 현재의 삶을 온상 속에서 사는 것처럼 안락하게 살아간다. 이러한 안락한 삶에 불안감을 갖게 하는 것은 실향민인 '송가'로부터 걸려온 전화로 시작된다. 송가는 2년 전, 남·적십자 예비회담을 할 때 현우가 어느 신문사의 청으로 북에 두고 온 동생에게 짤막한 지상 편지를 실은 것을 보고 자신이 현우의 동생일 것 같다며 만나자고 전화를 걸어온 사람이다. 그러나 이러한 전화에 현우와 아내가 보인 반응은 반가움보다는 두려움과 걱정이 앞설 뿐이다. 오히려 동생이 아니길 바라며, 간첩으로 연락을 한 것이 아닐까 하는 두려움을 앞서서 가질 뿐이다. 자신이 동생일지도 모른다는 전화는 동생이 간첩이든, 아니든 반가움이 앞서야 할 것인데 현우는 그렇지 못하다. 그것은 현우의 현재의 삶이 생활에 안정감을 갖고 안주해 있는 것을 뜻한다. 현우의 두려움은 송가를 만나 동생이 아니라는 것을 확인하고 안도하게 되지만, 송가가 현우와는 다른 가치를 갖고 현실을 받아들이는 모습을 보면서 현우는 송가를 통해 자신의 삶을 돌아보게 된다.

　　송가라는 조명에 비쳐진 현우의 집안은 어쩐지 바깥 세상과 차단된 온상 속 같고 아내와 꼬마는 나약한 온상 식물이기나 한 듯, 처음부터 그 점이 현우에게는 어쩐지 조마조마하고 무안스럽고 부담스러웠다. ―그리고 그 냉소에는 현우가 이 정도나마 근근히 안정된 생활을 영위해가는 데 대한 혐오와 질투가 반반으로 섞여 있었다. 자기인들 이 남한으로 나와 터를 잡자고 마음만 먹었다면 당신만큼 왜 못 잡았을 것이냐, 그러나 처음부터 그러고 싶지가 않았다. 가호적까지 성씨가 엇바뀐 판이니 자존심으로라도 대학을 안 갔고 그냥 피난민으로만 있고 싶었다, 좌우간 언젠가는 통일이 될 것이고 그때 고향으로 돌아가서 조상의 뿌리를 되찾아 어엿한 인생출발을 한다는 생각으로 어영부영 피난민 기분으로만 살다가 보니 이 나이에 이 꼴이 되었다. 그러나 억울하지도 않고 후회도 않는다, 남·북의 문이 열리기 시작하는 지금 와서 생각하면 차라리 다행이라는 생각이고 홀가분한 생각도 없지 않다, 그 새 남쪽에다가 요란하게 터를 잡았더라면 어쩔 뻔했겠느냐 ……. [24]

　　현우가 송가를 만나면서 자신의 삶을 온상 속처럼 느끼고, 아내와 꼬마를 온상 식물로 느끼는 것은 자신의 안락한 삶에 대한 무안함과 함께 뭔가 중요한 것을 놓친 안락함에 대한 새로운 인식이다. 현우 또한 돈 있는 축에 드는 것은 아니지만, 살아가는 안정감을 기준으로 따질 때 현우의 삶은 돈이 많은 사람이 느끼는 안정감과 그다지 질적인 차이가 없다는 것이 문제이다. 따라서 현우는 송가와 만날 때마다 어쩐지 조마조마하고 무안스럽고 부담스러움을 느끼게 된다.

　　송가는 현우처럼 안정된 생활을 영위해 나가는 것에 대한 혐오와 질투가 섞여있지만, 언젠가 통일이 될 것을 생각하며 남한에서의 생활에 정착하지 않은 것에 후회 하지 않는다고 한다. 송가는 남쪽에서 어쩔 수 없이 생활을 하지만 마음의 뿌리는 여전히 북쪽 고향에 두고 살고 있음을 알 수 있다. 송가는 현우와는 달리 남한에서의 생활에 안정감을 갖지 않고 있다. 그것은 고향에 대한 그리움과 회귀하고자 하는 욕망에 충실한 결과이다. 따라서 남한에서의 생활은 송가에게는 그다지 의미가 없으며 안정감과 뿌리를 내릴 수 있는 곳이 아닌 것이다. 그럼에도 송가가 현우에게 집착하고 남북 회담 소식이 있을 때마다 만나려고 하는 데에는 현우가 가지고 있는 의식의 잘못된 부분을 일깨워주면서 자신 또한 누군가와 소통하고자 하기 때문이다. 송가가 지난 8·29 회견이 있던 날 술이 잔뜩 취해와 현우네 동네에 쓰러져 있다가 아내에게 발견되어 현우네 집에 들어오게 된다. 그때 송가는 아내에게 핀잔을 듣는다. 그러자 송가는 자신에게도 2남 1녀의 자식이 있다며 마지막 인사를 하고 가버린다. 이때 현우의 인식은 이 사건을 계기로 송가가 주시하고자 하는 것의 의미를 깨닫게 된다. 그것은 가족을 바라보는 의식의 양태에 문제가 있었던 것이다.

---

24) 위의 책, 442~444면.

이제 와서야 현우는 처음부터 송가에게 주눅이 들고 한풀 꺾이고 들었던 것이 바로 분명한 근거가 있었다고 뒤늦게 머리가 끄덕여졌다. 그렇게 냉소를 받으면서, 그리고 아내에게서도 쫑알쫑알 핀잔을 들으면서도, 현우가 송가와의 관계를 끊지 않고 이나마 유지시켜온 그 근거도.

가정이라는 것을 의식하는 양태에 문제가 있었던 것이다. 송가의 경우, 가정이란 일정한 울타리가 없이 그대로 무방비상태로 바깥 세상에 이어져 있었고, 그렇게 바깥 세상과 튼튼하게 밀착되어 있었지만, 현우의 경우에는 온상으로, 얄삽한 안주의 터로, 요컨대 가계부 쪽으로만 좁은 파이프 하나가 바깥쪽으로 내밀어져 있었던 것이다.

송가는 현우의 이 점을 처음부터 간취했었음에 틀림없다. 비록 분명한 의식으로는 아니었을망정. 그러나 그럴수록 더 첨예한 감정으로. 현우도 마찬가지였다. 비로 이 점에서 송가에게 한풀 꿀리고 있었을 것이다. 송가는 사회와 가정 사이에 처음부터 굵고 깊은 통로를 뚫어놓고 있었던 것이다. 아니 뚫고 자시고가 아니라 통째로 밀착이 되어 있었던 셈이다.[25]

송가는 가정을 일정한 울타리가 없이 그대로 무방비 상태로 바깥세상과 이어놓고 있다는 것이다. 송가에게 가정과 사회는 처음부터 굵고 깊은 통로로 이어져 밀착되어 있는 셈인 것이다. 그러므로 송가는 2남 1녀의 어엿한 가장이면서도 자신의 가난한 형편과 문제에 커다란 의미를 두지 않는다. 송가는 사회와 나라의 문제가 곧 가정의 문제로 귀속되는 의식을 지니고 있기에, 가정의 안락에만 신경을 쓰면서 울타리를 치고 침잠하는 삶의 형태를 부정시하는 것이다. 그러나 현우는 남북문제 등 자신과 직접적으로 연관이 있는 사회의 문제에 있어서도 우선은

---

25) 위의 책, 450면.

가정의 안락과 편안함을 깨뜨리고 싶지 않은 욕망이 앞섰기에 송가가
추구하는 세계인식과는 다른 모습을 갖고 있다. 송가의 세계인식은 현
우를 계속 만나려는 것에서도 나타난다. 즉 송가는 자신이 현우의 동
생이 아님에도 계속 현우를 만나려하면서 공동체의식을 되찾으려 한
다. 송가의 인식에는 현우가 친형이 아니더라도 같은 문제를 안고 있
는 사람으로서, 서로 왕래하고 마음을 터놓는 것이 중요한 것이라고
생각하는 것이다. 송가가 지니고 있는 생각의 방향은 20년 전 고향에
서 가졌던 연대의식을 향한 의지이고 지향이다. 고향에서 가졌던 공동
체 의식이 현재의 삶에서는 자신의 가족의 안위에만 몰두하고 방식으
로 변해버린 것에 송가는 저항감을 느끼는 것이다.

5. 정착과 소통의 욕구

고향을 떠나온 실향민은 고향을 그리워하면서도 남쪽에서 생활해야
하고 정착하는 과정에서 고충을 겪어야 한다. 새 땅에 정착한다는 의
미는 곧 그 사회구성원으로서 타자와 소통하는 삶을 사는 것을 의미하
며, 또한 새로운 사회체제에 맞추어 적응하며 살아가는 것을 의미한
다. 이는 실향민으로서의 삶의 방식이라기보다는 새로운 사회가 요구
하는 삶을 살아감으로써 실향민 의식은 사라지고 그 사회의 일원으로
서 자리 잡게 되는 것을 뜻한다. 그러나 새로운 사회를 살아가는 인물
들은 그 사회가 지니고 있는 가치나 규범을 비판함으로써 새로운 가치
지향을 보여주기도 한다.
'토요일'[26)]과 '여벌집'[27)]은 근대한국사회에서 정착한 삶을 살아가는
인물들이 타자와 소통하기를 원하는 모습과 새로운 자본주의 사회체

제에 맞추어 적응하며 살아가는 일상적인 모습을 담고 있다.

'토요일'은 30살 된 미스박과 노동조합 대의원을 하다 회사에서 쫓겨난 적이 있는 김진숙은 서로 어울리지 않는 처지에서 소통하며 타자와 소통하기를 원한다. 주인공인 박정자는 대학까지 나와 회사를 다니지만 선을 몇 번 보아도 퇴짜를 맞는다. 그래서 박정자의 같은 회사 김이사가 농담으로 남자를 소개시켜준다고 한 것을 진짜 신랑감 한 명을 중신해달라고 함으로써 김이사를 당황하게 할 정도로 무의식적으로 남자를 소개받고 싶어하고 결혼하고 싶어한다. 박정자와 마찬가지로 김진숙은 남자 못지않게 체대가 크고 골격형인 데다가 두 눈이 어글어글하고 목소리도 우렁찬데다, 박정자보다 두 살이나 위의 서른 두살로, 성격은 활발한 것의 도를 넘어 어느 구석인가 세련되지 못한 천덕스러움을 드러내지만, 언젠가부터 점심에 도시락을 싸 와 사환 애들을 몽땅 끌어다가 같이 먹는 데서부터 인기를 얻더니 회사에서 유명해져 있다. 김진숙은 노조 대의원으로서 파업 때, 다른 대의원들은 회사 분회장에게 설득되어 누그러졌을 때 혼자 나서서 데모를 주동하여 데모를 하다가 다음날로 잘린 전적을 가지고 있다. 박정자와 김진숙은 형편상으로는 어울릴 수 없는 처지이지만 뭔가 비슷한 점을 지니고 있다. 그것은 현재의 시간에 허망함을 느끼거나 과거의 시간을 추억한다는 것이다.

> 모든 것은 회색으로 낡은 추상(抽象)으로 잦아들고, 개개적으로 부
> 딪쳐서 개개적으로 싱싱한 것만이 당장당장은 가장 확실한 것임을 어
> 떤 체념 비슷이 터득해 가고 있었던 것이다. 그리고 박정자의 그런 가
> 락엔 벌써 페이소스 기운이 어려 있었다. 그런 인생이나 저런 인생이

---

26) 이호철, 〈토요일〉(1970), 《이호철 문학 선집 5》, 국학자료원, 2001.
27) 이호철, 〈여벌집〉(1972), 《이호철 문학 선집 5》, 국학자료원, 2001.

나 다 그게 그거라는 식의 빈 들판 같은 느낌, 그렇게 멀렁멀렁하게 관대한 시선이 저도 모르게 수울 가슴속에 들어와 앉아 있었던 것이다.

　―그녀는 그 파업 때 자기가 벌인 영웅적인 행동을 자주 지껄이곤 하였는데 그런 때의 그녀는 여느 때의 그녀답지 않게 어떤 향수에 젖어드는 듯이 차악 가라앉아 있곤 하였었다. 그때 그곳에서 겪은 그 일만은 지금도 썩 긍지가 느껴지는가 보았다. 사실 허망한 것으로 친다면 인생 자체가 허망한 것이다.―그러나 허망한 인생 허망하게 느껴진다는 그것 자체부터가 병은 병이다. 김진숙도 서울로 올라와서 서울의 가장 서울다운 특징인 '허망의 바다'에 코를 쑤셔박고 거기에 감염되지 않으려고 부지불식간에 안간힘을 쓰고 있었지만 그 안간힘이 나타나는 양태는, 늘 농담하고 멀렁멀렁한 낯짝 하는 것이었다. 차분하게 조리를 세워서 살아볼 길을 사방이 콱콱 막혀 있었던 것이다. 그러나 아직은 김진숙 나름대로 견뎌가고 있는 것은 그녀의 그 촌태와 그때 그 일을 새삼새삼 되불러 일으켜서 추억에 잠기는 일이었다. 그 추억만은 아직도 조리가 분명하고 단단한 광물질로 가슴속에서 번쩍거리곤 하였다.[28]

　박정자는 모든 것이 회색빛깔로 추상할 만큼 인생에 의욕과 즐거움을 가지고 있지 않다. 당장에 싱싱한 것만이 확실한 것으로 생각할 정도로 인생 자체를 체념적, 수동적, 일시적인 감정으로 바라본다. 김진숙도 과거 노조 운동을 하였을 때를 추억할 때만은 뭔가 가슴속에서 번쩍거리는 느낌을 가지나, 현재의 시간은 허망함을 느끼며 그 허망함에 감염되지 않기 위해 늘 농담하고 들떠있는 모습을 보이는 것이다. 박정자와 김진숙이 현재의 시간을 페이소스하고 느끼고 허망하게 바라보는 것은 서울의 특징이 '허망의 바다'로 비유될 만큼 사방이 콱콱

---

28) 위의 책, 373~374면.

막혀 있기 때문이다. 김진숙은 어떤 주의나 이념을 관철하는 것이 그녀의 삶에서 조리 있게 살아갈 수 있는 방도인데 서울은 그것이 용납되지 않는 공간이기 때문에 꽉 막혀있다고 느낀다. 김진숙은 뭔가 자신의 열정을 쏟을 수 있는 주의나 이념을 향해 나아갈때 의욕을 느낀다. 그러나 현재 그녀는 지켜낼 것이 아무것도 없다.

박정자에겐 선을 세번째 볼 때부터는 남자쪽에서 완전히 일방통로로 먼발치에서 박정자를 보고는 돌아서버린 결과 박정자에게도 서울은 꽉 막혀버린 공간이 된다.

이렇게 닫혀있는 공간은 박정자의 회사에 새로온 김이사의 처지에도 적용된다. 김이사는 윗줄을 타고 들어온 사람으로, 장교로 군인생활을 오래하다가 새로 사회생활을 시작하면서 처음 회사에 부임해 왔을 때는 허천난 듯이 의욕을 보인다. 하지만 그의 멀렁멀렁한 의욕은 처음부터 배반을 당하면서 꺾이게 된다. 김이사는 처음 회사에 부임했을 때 그 누구도 신임 인사를 시켜주지 않아 직접 본인 쪽에서 인사과 직원 하나를 앞세우고 각 부와 과를 찾아 나서서 인사를 한다. 그때마다 사무실이 떠나가도록 소리를 지르고 말단 사원들과도 일일이 악수를 나누며, 군대에서 볼 수 있는 게걸거리는 적극성의 촌태를 보여주었다. 하지만 그는 며칠 사이 뚱뚱한 체대에 어울리지 않게, 처음 부임할 때의 호기와는 딴판으로 어지간히 주눅이 들고 조심스럽게 변했다. 그것은 점심 때 식사를 같이 할만한 사람조차 없을 정도로 그 누구도 김이사와 가까이 지내려 하지 않기 때문이다. 따라서 김이사는 다른 직원들이 점심 집을 찾아드는 곁을 빠른 걸음으로 지나며 퇴근을 해보리고 만다.

이처럼 박정자와 김진숙, 김이사는 꽉 막혀있는 공간에서 자신들이 추구하는 세계를 얻지 못한다. 이들이 의욕적으로 바뀔수 있는 것은 박정자럼 파업선동을 하던 것과 김이사처럼 목적이 분명하게 있는 군인으로서 의욕 등이 있을 때 가능하다. 그러나 이러한 의욕도 그 근거와 밑뿌리가 어느 만큼 단단한 것이 중요한 관건이다. 무엇에 대해 의욕적이 되는지가 분명하게 서지 않는다면 이 또한 허망하게 변해버릴 수 있기 때문이다.

박정자와 김진숙은 토요일 오후 교외로 나가는 버스를 타면서 예비군이 훈련하는 모습을 보는데, 같은 모습에 박정자는 6·25를 생각하고 김진숙은 데모를 생각한다. 그러나 예비군 훈련을 보면서 서로 다른 것을 떠올리고, 데모와 예비군에게서 대립되는 의미를 발견했다 하더라도 예비군을 관리하고 데모를 치르는 것 역시 당국의 소관임으로 개개인들은 당국에서 시키는 방향으로 나아가는 집단속의 하나의 일원일 뿐 이라고 생각하게 된다. 이처럼 인물들의 의식에서 의욕의 근거와 밑뿌리가 얼마만큼 단단한지와 무엇에 대해 의욕하는지에 따라 의미를 달리 가질 수 있는 것이다. 하지만 현재의 시간속에서 이들을 단단하게 잡아줄 근거나 뿌리가 없다. 그것은 또한 이 사회에서는 깊은 원칙이 서 있지 않기 때문인 것이다. 인물들은 의욕을 갖고 논리적으로 살아가기를 원하지만 이미 원칙은 없어지고 박정자 또한 여성잡지를 구독하는 개인의 욕망에만 연연해하는 생활을 함으로써 정착되지 않고 뒤죽박죽한 삶의 모습만 보일 뿐이다. 박정자는 자신과 김진숙이 같이 어울리는 것도 뒤죽박죽의 현상으로 바라본다. 둘은 소풍을 나갔다가 들판의 묘지 옆에 앉아있을 때 남자들이 다가오는 모습을 보자 자신들에게 수작이라도 걸까하는 기대를 하지만, 입산금지구역이라며 나가달라는 말에 초라한 기대마저 깨어진다. 들판에서 동네 다방으로 와서 박정자는 다방에서 흘러나오는 차이코프스키의 비창을 들으며 다방의 분위기와 비창과 자신이 닮아있다고 생각하며 이러한 처지를 연민한다. 이 때 근처 주택사정을 보러왔다는 김이사와 그 친구를 만나면서 넷은 함께 어울리며 맥주를 마시게 된다. 이들은 그 사회 분위기에 맞게 '덮어 놓고 명랑합시다' 하는 기분으로 술을 마시지만 진지하면서도 의미 있는 소통을 하지 못하고 일시적으로 들뜬 기분으로만 술을 마실 따름이다.

인물들이 살아가는 사회는 서로가 서로에게 소통하려 들지 않고 어떠한 의미를 찾으려 하지 않는다. 그것은 사회 깊은 곳에 원칙이 빠져 있기 때문이고 사람들은 그때그때 흘러가는 욕망대로 살아가기 때문이다. 모든 것의 근거와 뿌리를 받쳐줄 수 있는 원칙이 없으므로 개개인 또한 서로 소통하지 못하고 허망함을 느끼며 부유한 삶을 살아갈 뿐인 것이다.

이에 반해 '여벌집'은 원칙이 없는 사회에서 돈과 자본이라는 버팀목으로 개인의 욕망을 추구하고 정착하는 삶의 방식을 보여준다.

'여벌집'의 주인공 아내와 나는 재산으로 집 한 채를 가지고 있다. 아내와 나는 그 집을 관리하면서 골치를 썩으면서도 집을 한 채 가지고 있다는 것과 주인행세를 할 수 있다는 것에 색다른 재미를 느낀다. 어느날 나와 아내는 그 집이 도시계획에 들어가 있어 헐값이 되었다는 정보를 듣는다. 복덕방 주인은 포목상하는 사람이 현금 140만원으로 사겠다고 나섰다며 집을 팔라고 한다. 그러나 아내는 대지증명을 떼어 보면서 집이 십자로를 이루는 길에서 그 로터리가 마당 끝에 해당됨으로 45평 남짓은 건져 건물을 높게 질수 있는 횡재를 얻게 되었음을 발견한다. 아내는 이런 횡재에 연신 싱글벙글한다.

한 사회에서 인물들이 정착하고 새 삶을 살기위해선 그 사회의 체제와 분위기에 맞추어 살아갈 수밖에 없다. '여벌집'의 주인공들은 자신들을 지탱해주는 근거로 여벌집을 삼는다. 여벌집은 하나의 개인의 욕망을 더욱 단단하게 받쳐줄 수 있기 때문이다.

　그러나 집이란 어떤 이윤을 창출하는 공간으로서보다는 한 가정을 이루는 공간으로 보았을 때 더욱 의미가 있다. 주인공 나는 여벌집 C동의 실체를 아내와는 조금 다른 각도로 생각해본다.

　　우리 경우에서는 그것이 봄가을 재산세 낼 때만 우리 것으로 의식되는 여벌 재산이지만 그 C동 집의 실체는 우리와는 상관없이 험한 생활의 한가운데 들어앉아 있는 느낌이었다.

　　－다시 그 뒤에 안채에 들었던 과수댁과 건넌방에 들었던 날품팔이꾼. 그들도 불과 짧은 기간이었지만 명색이 집주인이라는 나보다도 이 C동 집과는 더 피부로 밀착되어 있었을 것이었다. 집이란 그때그때 쓸모가 있어서만 집이요, 소용이 닿는 정도만큼 집인 것이다. －타일을 까내고 벽돌을 까내고 했을 것이다. 그런 때 그 사람이 느꼈을 단순한 충족감. －이런 것이 나의 감상일까. 그냥 센티한 감정일까. 그렇게 보자면 그렇게 볼 수도 있다. 왜냐하면 사실상 모든 사람들은 이때까지 기대어서 살던 그 모든 사람의 버릇을 그냥 좋아서 살고 있기 때문이다. 그 버릇의 근거에 대해서는 더 이상 따지고 자시고 않는다. 따지고 자시고 하는 것부터가 주제넘거나 한가한 짓이다. 그럴까. 그렇기만 할까. 하긴 그렇다. 아무리 따지고 자시고 해도 그 집의 법적이 소유주는 여전히 나임에 틀림이 없고, 따지고 자시고 하는 차원으로는 그것은 전혀 요동이 없다. 당장은 철벽같은 것이고 곧 체제다. 그러나 당장은 그 집을 둘러싼 정황이 아무리 철벽같고 절대적이라고 하더라도 베란다를 까부수어내고 거기다가 하루 밥 세 끼 해먹을 부엌을 내달 때는 그 집은 역시 그 당장은 그 사람의 집인 것이다 ……

　　－아닌 말로 이나마 여벌로 있는 것이 사실 얼마나 마음 든든한 일인가 말이다. 아, 그것이 없었더라면, 만일 그것이 없었더라면 …….
요컨데 C동의 그 집은 여전히 내 생활의, 나의 현재 생활의 든든한 보

루처럼 되고 있는 것이다. 애초에 없었더라면 모르지만 있다가 없어
지는 것은 불안한 일이다. 언제라도 여차할 때 팔아버리면 금방 현금
이 되는 것이다.[29]

집은 주인과 상관없이 생활의 한가운데에서 그때그때 쓸모와 소용만
큼 기능할 뿐이다. 집의 소유주가 따로 있다 할지라도 그 의미는 달라
질 수 없다. 주인은 그곳에서 살아가는 사람들이 자신들이 살 곳을 다
듬고 만들어내는 충족감을 느낄 수 없다.

그러나 주인공 나는 어쩔 수 없이 여벌집으로 인하여 든든함을 얻는
다. 아내는 도시계획안에 들어간 여벌집을 활용해 두개의 빌딩을 지을
꿈으로 부풀어있다. 빌딩을 짓고 돈을 벌어 개인의 안락한 생활을 하
는 것만이 모든 것의 가치가 되고 기준이 되어버린 것이다. 거기에는
또 다른 가치나 관념이 들어설 수 없다. 돈과 개인의 욕망만이 의욕을
갖게 할 뿐이다. 그러나 주인공 나에게 그 전의 도시계획이 모두 백지
화된다는 풍문이 들리면서, 아내의 꿈이 무산되고 개인의 욕망이 충족
되는 것만이 절대적인 가치가 될 수 없음을 상징적으로 보여준다.

여벌집은 현재 생활의 든든한 보루로 작용하여 불안감을 없애주는
기능을 한다. 세 들어 사는 사람들에겐 집이 생활하는 공간으로서 소
용이 닿지만, 주인공에겐 그의 생활을 지켜주고 불안을 덜어주는 든든
한 보루로 작용하는 것이다. 작가는 한 사회에서 인물이 살아가는 근
거가 곧 집이라는 자본이 된것을 바판한다. 이는 큰산으로 상징된 마
음속에 지니고 있는 뿌리와 근거에 대한 인식이 자본으로 바뀐것이다.
작가가 지금까지 추구하였던 뿌리와 근거는 한민족으로서의 면모를
보여주는 정서와 의식이었다. 그래서 전체가 나아가야할 방향과 개인

---

29) 위의 책, 402~404면.

이 나아가야할 방향이 분명하였다. 그러나 실향민들이 잡고있는 의식
은 새로운 사회에 적응해나가면서 자본주의 사회가 가지고 있는 기본
적인 체제에서 벗어나있거나 그 틀을 넘어서지 못하고 사장된다. 이에
주인공들은 낯선 땅에서 정착해나가는 과정에서 뿌리와 근거를 잃고
방황을 한다. 그리고 새 땅에서 그곳에서 추구하는 원칙과 주의에 맞
게 뿌리를 내리려 한다. 그러나 그 뿌리의 근거가 자본주의 사회를 지
탱하는 돈과 자본이라는 상징적인 의미를 가짐으로써, 그 근거는 단단
한 의미를 확보하지 못한다. 이는 개인의 안락이라는 욕망이외에 어떠
한 목적도 의미도 보여주지 못하는 자본주의 의식의 한계를 부정적으
로 비판한 것이라 할 수 있다.

VI. 소시민 의식

이호철 소설은 실향민으로 살아가야 하는 '고향의식'과 남한 땅에서 정착하며 살아가는 방식인 '소시민 의식'이 커다란 주조를 이룬다. '소시민 의식'은 작가가 세계를 바라보고 이해하는 커다란 관점이라 할 수 있다. 작가는 세계가 형성되어가는 것을 현대의 '소시민'이라는 개념으로 바라본다. 소시민의 개념은 역사상 늘 다르게 적용되어지는 부분이나 작가는 현대의 시간에서 소시민의 힘과 중요성을 무엇보다 강하게 역설한다. 그것은 소시민의 그 시민성에 민족에 웅거한 뿌리와 근거가 살아있고 지켜내야 하는 가치가 있다고 생각하기 때문이다.

시민사회는 상황에 따라 특수한 방식들로 표현된 개인들의 집합적 삶의 보편적 표현이라 할 수 있다. 집합적 행위-공공영역을 통해 사회를 가로지르는 결사체의 형태-로서 시민사회는 개인주의에 대한 어떤 중요한 균형추를 제공한다. 창조적 행위주체로서 시민사회는 현대 정치의 많은 부분을 감염시키고 있는 냉소주의 퇴치에 꼭 필요한 모종의 해독제를 제공한다. 그리고 가치들에 기반을 둔 행위주체로서 시민사회는, 그러한 가치들이 종종 그렇듯이 비록 논쟁의 대상이 된다고 할지라도, 국가 권위의 과도한 영향력과 시장의 유혹에 대한 하나의 균형자를 제공한다.

시민사회는 애매하기로 악명 높은 개념이 되어버렸다. 본질적으로 서로 통일될 수 없는 상이한 이념의 아젠다들을 정당화하였기 때문이다. 시민사회의 개념이 엄밀한 비판의 과정을 거칠 경우에 그것은 매우 중요한 해방의 잠재력을 담지한 거대한 사상으로 거듭날 수 있을 것이며, 나아가 이미 확립되었거나 새로 출현하고 있는 민주주의의 제도적 문제들에 대한 해법을 제시하는 매우 참신한 개념으로 다시 태어날 수 있을 것으로 믿고 있기 때문이다. 카토연구소의 분신 중 하나인 주창연구소(Advocacy Institute)는 시민사회를 "탈냉전 세계 속에서 정치를 지향하는 최선의 길"이며, "스스로 조직화하여 권력에 도전하는 사람들을 보호하는 사회"이고, "권위주의 국가와 전제적인 시장에 대한 가장 확실한 단일 대안"이라고 지칭한다. 하지만 시민사회는 누구의 시각을 좇는가에 따라 (산업혁명이 전통적 혈족과 공동체의 관계를 붕괴시키면서 사회적 삶과 시장경제 사이의 갈등을 중재하기 위해 자연발생적으로 등장한) 국민국가와 자본주의의 산물일 수도 있고, 모든 나라의 발전 단계에서 등장했지만 역사와 문맥에 따라 다른 방식으로 표출된 개인들의 집합적 삶에 대한 보편적 표현일 수도 있다. 개발도상에 있는 국민국가들이 대개 식민주의의 소산인 까닭에 그 국가의 시장경제는 허약한 토대를 가지고 있으며, 남반구의 시민사회들은 북반구의 시민사회들과 다를 수밖에 없다. 국가의 개발사업과 관련된 시민사회의 역할들은 세계의 서로 연결된 영역들 사회영역, 경제영역, 그리고 정치영역으로 나누어 살펴보는 것이 유용하다.[1]

---

1) 마이클 에드워즈, 《시민사회》, 동아시아, 2005, 7~44면 참조.

1. 사회영역 : '사회적 냉소주의 퇴치' 역할

'반상회'[2]는 근대 사회에 팽배해 있는 냉소주의를 비판하고 소시민 의식으로 극복하는 소설이다. 한 동네에서 '반상회'가 열렸는데, 공식적인 안건으로 이리 이재민 구호와 장성 탄광사고에 대해 의견을 나누기 위해서 모인 것이다. 그러나 이 곳에 모인 층은 남편이 모 석유회사의 과장, 증권회사 아내, 신문사집, 은행집 아주머니, 무역회사 집 등 이웃간에 내노라고 사는 집들로서 이들은 사회의 문제에 대해서는 전혀 무관심한 모습을 보여준다. 이중에서 따돌림을 받는 미장이집 여자가 있는데, 미장이집 여자는 하루 벌어 하루 사는 소시민의 한 층으로서 옷차림부터 이들과는 다른 모습을 하고 있다.

그 미장이집 아내는 여남은 명이 모여 앉은 이 축에서 겉모양으로서도 유독 눈에 띄었다. 바깥양반이 모 석유회사의 과장으로 있다는 이 집 안방, 여섯 평도 넘어뵈는 큰 방의 맨 윗목 벽 속에다 해박은 장 앞에 조금 외따로 떨어져 혼자 앉아있었는데, 여느 아낙네들이 색깔 짙은 혹은 엷은 봄 스웨퍼며, 자락이 긴 짙고 엷은 원색의 파자마 비슷한 실내복에, 짙고 엷은 꽤나 공들인 화장으로 고급 향수 냄새가 방안 가득히 몰몰하고 화사한 차림인 데 비겨 그 미장이 아내만은 전혀 축에 낄 수 없을 정도로 꾸정꾸정하고 초라하였다. 전혀 얼굴에 화장기가 없는 것도 그랬지만, 게다가 얼굴 생김생김도 쓸데없이 떡판처럼 큰 얼굴인 데다가 눈 사이가 천리나 되게 멀어 여간 아둔해 보이지가 않고 느려터져 보였다.—그리하여 맨 윗목을 찾았지만 실내복 바람인 이 집 안주인도 살짝 미간을 찡그리며 그러나 여대생 출생답게 전혀 겉으로 내색은 않은 채, "좀 늦으셨네요. 그쪽으로 대강

---

2) 이호철, 〈반상회〉(1978), 《이호철 문학 선집 5》, 국학자료원, 2001.

앉으세요. 아랫목 윗목이 따로 없는 방이어서 그 쪽도 바닥은 따끈따
끈하니까요."[3]

　미장이집 아내와 이들 중산층 계층의 부인들은 겉모습과 살림살이에
서 판이하게 다르다. 미장이집 아내는 겨우 하루 벌어 하루 먹고 사는
자신의 처지를 의식해서 한 술 더 뜨듯이 한마디라도 해야한다는 것이
모인 부녀자들에게 더 눈총을 사게 되고 따돌림을 당하게 된다. 미장
이집 아내는 여자도 남자들처럼 여자 예비군이나 여자 방위군을 편성
해서 만일의 태세에 대비해야한다는 의견을 제시하며, 이 의견이 채택
됐을 경우에 무엇보다 지장을 받을 사람은 자기네일 것이라고 생각하
지만, 사사로운 생업보다는 나라일이 훨씬 중요하겠거니 하는 생각에
서 이런 안건을 냈던 것이다. 미장이집 아내의 안건은 통장이 위에 상
신한다는 것으로 무마가 되었지만, 사회문제에 대해서 전혀 관심을 가
지고 있지 않은 여자들은 미장이집 아내를 어떻게 하면 따돌리고 골탕
을 먹일까하고 생각한다.
　따라서 반상회 안건에 대한 논의가 끝나자마자 이들은 차를 마시며
무겁거나 책임질 일이 없는 의미 없는 잡담을 나누며 대화를 계속하며
미장이집 아내를 따돌린다. 이들이 대화하는 것은 계절에 대한 것, 태
양의 크기, 빛의 속도, 통닭을 못 먹는 이유 등 아무 쓸모없고, 누구에
게나 무해무득하면서도, 누구도 불편하지 않아도 되는 가벼운 말을 하
며 반상회 안건과 같은 사회적인 안건과는 완전히 동떨어진 얘기들을
할뿐이다.

　"아이, 답답두 해라. 생각해보세요. 우리 지구에서 저 달까지의 거

---

3) 위의 책, 526면.

리가 겨우 태양의 반지름의 반 정도밖에 안 된다면 상상들을 좀 훨씬 넓히셔야지요. 열이니, 스물다섯이니, 5백이니, 1백 50이니가 다 뭐예요. 놀라지 말아요. 지구 33만 3천 4백 개하고 태양 하나의 무게하고 맞먹어요."

"빛이 1초 동안에 30만 킬로미터를 간다지 않아요. 그러니까 우리 지구를 여섯 바퀴 도는 것과 맞먹지요. 헌데 달까지는 그 빛의 속도로 1초 남짓 걸려요. 30만 킬로미터가 조금 넘는다는 얘기지. 태양까지는 얼마냐. 1억 5천만 킬로미터.~"

"-그 좁은 속에 그냥 여남은 마리가 들어있어도 답답할 것인데, 한 꼬챙이에 빽빽이 꿰어져서. 뭐 잘난 것이라고 저렇게 진열장 앞에 진열해두는가 싶더군요. 딴은 먹음직스럽게 보이라고 그럴 테지만 먹음직스럽기는커녕 사람이라는 게 이렇게도 잔인해질 수가 있나 하고 생각되더군요.~"[4]

이들이 이렇게 잡다한 말을 하는 것에 재미를 느끼고 몰두하는 것은 이재민 구호나 탄광사고 구호 문제 등 사회문제를 냉소적으로 바라보는 것에 대한 반증이다. 그러므로 반상회에서 나오는 무거운 주제에 대해서는 형식적으로 참여할 뿐 어떤 열의나 관심을 보여주지 않기 때문에 반상회의 결과가 어떻게 나왔는지에 대한 이야기는 없다. 뭔가 책임지기 싫어하고 도와주기를 싫어하는 마음은 나라의 안보를 위해 여자 예비군과 여자 방위군을 만들자고 건의한 미장이집 아내를 경멸하는 방식으로 표출된다. 그러므로 미장이집 아내는 대화를 나누는 동안 자신과는 눈 한번 마주치지 않은 것과 대화에 끼어주지 않는 것을 생각하며 자신이 따돌림을 당하게 된 것을 깨닫는다. 그러나 미장이집 아내는 이들이 재미있게 얘기하는 것들에 흥미를 느낄 수 없고 관심이

---

4) 위의 책, 529~532면.

가질 수 없다. 그것은 본질적으로 이들이 바라보고 추구하는 세계와 미장이집 아내가 바라보는 세계가 다르기 때문이다.

해님 얘기가 나올 때부터 미장이 아내는 한구석에 완전히 외톨로 떨어져 앉아 있었다. 해님이면 그저 늘 보는, 갠 날에는 하늘 한가운데 걸려 있고, 흐린 날이나 비오는 날에는 구름에 가려져 있는 그 해님으로 족할 뿐, 해님의 크기가 어떻고 해님까지의 거리가 어떻고 하는 그런 얘기들이 저토록이나 재미있을 까닭이 대체 무얼까. 그저 아리숭할 뿐이었다. 역시 그녀로서는, 조금 전의 반상회 주 토의안건이었던 이미 이재민이나 장성 탄광 사고가 훨씬 궁금했다. 탄광 속에서 불이 나고 여럿이 갇히고, 갇힌 광부를 동료 강부가 구하러 들어갔다가 도로 갇힐 뻔하고, 그런 일 이백번 천 번 더 끔찍스럽고 더 간절했다. 이리·이재민도 그렇다. 이리 시내 역전 앞은 대체 어떻게 되었을꼬? 그쪽이 여직 훨씬 궁금하였고, 바로 그런 식으로만 매일을 살아왔고 살아가는 사람인 것이다. 그러나 그런대로 해덩이란 어떻고, 견우 직녀별이 어떻고 한 전혀 딴 세상 얘기에 그녀대로도 건성으로라도 곁따라 맞장구를 치려고 하였으나 누구 하나 제대로 온전하게 맞상대를 해주지 않았다.[5]

미장이집 아내는 해와 빛의 얘기, 닭고기가 어떻다는 얘기 등이 전혀 다가오지 않을 뿐더러 이들이 그토록 재미있어하는 이유도 이해하지 못한다. 미장이집 아내가 관심이 가는 것은 탄광 속에 불이 나서 구하는 얘기나, 이재민들의 형편이 어떠한지에 대한 사회의 약자들에게 일어나는 생생한 문제들인 것이다.

사회가 발전할수록 빈부격차가 커지고 부유한 계층은 자신들의 안락

---

5) 위의 책, 533~534면.

과 편안한 생활에 몰두하며, 사회적인 약자들에 대해 관심을 가지려 하지 않는다. 그러나 자본주의 사회가 건강한 사회가 되기 위해서는 사회적인 강자로서, 사회적인 약자가 한 사회의 일원으로서 동등한 사회적인 권리와 행복을 누릴 수 있도록 보호하고 후원해야 한다. 그것은 그 사회에서 부를 누릴 수 있는 것은 자본주의 사회가 제공하는 사회적 구조와 맞물려 있기 때문에 약자에 대한 교육과 재분배는 반드시 해결해야 할 문제이기 때문이다.

따라서 사회적인 약자이면서 소시민인 미장이집 아내의 관심은 건강하고 건설적이다. 그러나 미장이집 아내는 자신이 따돌림을 당하는 상황에 어리둥절해하고, 통닭을 못먹는다는 집의 남편이 퇴근을 하며 통닭을 사오는 것을 어안이 벙벙해서 쳐다보면서 세상이 도통 어떻게 돌아가는 것인지를 혼란스러워할 따름이다.

사회적 문제와 약자에 대한 미장이집 아내의 관심은 소시민 계층이 어떠한 역할을 해야 하는지에 대해서 인식시켜준다. 소시민 계층은 무엇보다 자신의 편안한 안락과 행복을 추구하는 것에서 보다 인간 중심적인 것, 가치적인 것, 사회적인 문제에 관심을 갖고 움직일 때 그 의미를 확보할 수 있다. 소시민의 의미는 작은 시민 개개인이 모인 전체의 그룹으로 시대마다 인간을 중심으로 한 중요한 가치를 만들었고, 각 시대는 현대에 이르기까지 인간중심의 일관된 가치로 흘러올 수 있었다. 따라서 소시민으로 상징되는 미장이집 아내가 바라보는 관점은 풍족한 환경에서 오는 자기기만과 현대인의 냉소적인 태도를 비판하는 소시민 의식을 대변한다고 할 수 있다.

2. 정치영역 : '개인주의와 민주주의 제도적 문제에 대한 해법 제시' 역할

'탈사육자 회의'[6]는 공산주의와 자본주의의 부정적인 면을 비판하며, 보다 민주적인 사회를 만들어나가기 위한 탐색이 주요 서사를 이룬다. 소설에 등장하는 인물은 사람이 아니라 멧돼지와 집돼지들인데, 위의 동물들은 각각 공산주의 체제와 자본주의 체제에 속한 사람들을 상징적으로 나타낸다. 위의 동물들은 각각 자신들의 체제가 제일인 것으로 생각하며, 상대편 체제에 속한 동물들을 불쌍하게 생각하는데, 동물들은 서로 다른 체제에 접하게 되면서 서서히 자신들의 체제가 지니고 있는 문제점에 대해 의문을 갖기 시작하고 진정한 자유가 무엇인가와 그 방법이 어떠해야하는지에 대한 의구심을 갖기 시작한다.

어느 날 멧돼지들 대표들이 제 3기 제 2차 멧돼지 종족회의에 참가하기 위해 모이는데, 회의의 안건은 종족의 체모와 위신을 떨어뜨린 집돼지들을 어떻게 처리하는가이다. 멧돼지들은 집돼지들이 편하게 사는 맛에 길들어져 사람들에게 굴복하고, 종족 그 자체의 자존심과 위신을 떨어뜨리는 것을 아무렇지도 않게 생각한다고 비판한다.

> 집돼지들은 조상 대대로 이어 내려온 종족의 계율과 규범과 위엄을, 나아가서는 종족 그 자체까지 버리고 사람들에게 굴복하여 하루하루 먹을 것, 잘 것 걱정이 없고 비계살만 쪄가는 데다가, 사람들이 제 잇속으로 쳐준 울이 울타리로 느껴지지 않을 만큼 자존심도 무디어지고, 거칠고 호방하던 기운도 완전히 가시어졌다. 사방으로 규격이 분명하던 자유라는 뜻조차 이모저모로 뜻을 부가하고 혹은 왜곡하여 본래의 뜻과는 엄청나게 다른 것으로 만들어 놓고 제 분수에 맞도

---

6) 이호철, 〈탈사육자 회의〉(1966), 《이호철 문학 선집 5》, 국학자료원, 2001.

록 타락을 시키더니, 결국 돼지 본래의 위엄과 규범을 송두리째 버려, 느는 것은 낮잠과 먹는 욕심뿐이어서 먹고는 자고 먹고는 자고 하는 사이에 날카로운 코끝도 뭉툭해지고 그 한가운데 볼품없이 두 콧구멍만이 뻥 뚫리고 아랫배도 밑으로 처지고 철사처럼 빳빳하던 강건한 털도 보숭보숭해졌을 뿐더러 정기에 차 있던 눈도 날로 게슴츠레해지고 목소리까지 금방 자다가 깬 것마냥 꿀꿀거리는 것이 단순한 먹는 타령 이외에는 안하게 타락하고 퇴화해버렸으니, 종족의 위엄과 위신을 되찾기 위해서도 철저한 대책이 강구되어야 한다는 것이었다.[7]

위의 묘사된 집돼지들의 생활방식은 종족의 계율과 규범과 위엄과는 동떨어진 삶을 추구하고 그 속에서 타락한 방식으로 살아가는 개인주의와 민주주의의 부정적인 생활방식을 상징한다. 이러한 생활방식은 진정한 자유의식이란 찾아볼 수 없고 오히려 자유의 의미를 왜곡하여 타락시킬 뿐이다.

이에 집돼지들 문제를 해결하는 방법에서 집돼지들을 급습해 멸종시켜야 한다는 젊은층과 설득하여 돌아오게 해야 한다는 늙은 층의 의견으로 나누어진다. 젊은 멧돼지들은 이러한 문제는 깊이 생각하다보면 더 복잡해지고 해결하기 힘들어진다며 실제적인 대책으로, 우선 지도체제를 확립하고 대내정비를 해서 조금이라도 희미한 요소가 있는 자면 가차없이 쓸어내어 완전한 한 덩어리를 이루어내야 한다고 주장한다. 이미 사태는 젊은 멧돼지들의 논리로 무한정으로 뻗어나가지만 늙은 멧돼지들은 일이 너무 성급하게 한 방향으로 결정되는 것을 막아내지 못한다. 골짜기는 곧 나팔소리와 행진가로 가득 울리고 바깥의 적보다는 안의 적이 무섭다는 구호가 아침저녁으로 멧돼지족 전체를 열

---

7) 위의 책, 321~322면.

에 들뜨게 한다. 그러나 이와 같은 이념에 경도된 모습으로 10년이 지났지만, 멧돼지 사회는 자신들이 무엇을 위해 긴장된 나날을 보내고 있는지에 대해서도 잊어버리며 아무런 행동을 하지 못한다. 젊은 멧돼지들의 연설은 알갱이는 없어지고 곧 열띤 가락과 핏대 난 목소리뿐이고, 허황된 제스처로 차있는, 이념에 경도된 의식을 드러내고, 멧돼지 사회 전체를 급속하게 경화시켜 버린다.

이는 하나의 이념을 인간사회의 절대적인 기준으로 치부한 결과이다 또한, 이러한 의견으로 수렴되는 것은 다른 의견과 다양성을 차단시킨 결과이다. 이에 늙은 멧돼지들은 그곳을 나와 집돼지들이 살고 있는 곳으로 내려와 그들과 함께 생활을 하게 된다.

집돼지들의 우두머리는 먹고사는 문제가 해결된다는 것이 우선은 만사가 해결된다는 뜻이라며 그 해결방법에 대해서는 그다지 의미를 두지 않아도 좋다며 멧돼지들을 우리 안으로 들어오도록 설득했다. 그러나, 집돼지들의 우두머리의 얘기는 기막힌 허무주의로 쩔어든 노예 근성으로 삶의 가치나 방식엔 어떠한 무게도 실지 않는 가치를 상실한 삶의 형태이다.

이에 집돼지들의 삶의 형태 또한 자신의 권력을 이용하여 욕망을 채우기에 급급한 모습으로 나타날 뿐이다. 집돼지들의 우두머리들은 하나같이 권력을 지향하여 제 욕심을 채우거나, 계엄령을 선포하여 흐트러진 기강을 바로잡는 등 또 다른 폭력을 휘두른다. 계엄령 선포로 우두머리가 된 깜장색 안경 낀 돼지는 시간이 지나면서 차츰 아랫배가 나오며 속살이 찌기 시작하고, 권력 맛도 맛대로 보면서 주색잡기 쪽으로 재미를 붙어간다. 또한, 미국을 상징하는 사육사들에게 앙칼을 부리며 이 돈, 저 돈을 마구잡이로 끌어들여 근대화라는 것에 손을 대기까지 한다. 그러나 시간이 지나면서 돼지들은 본래의 버릇을 되찾으

며 매일 매일의 단조로운 일상에 익숙해져가면서 살만 피둥피둥 찌우
는 생활을 한다. 집돼지들이 이와 같이 단조로운 일상에 만족하는 것
은 자신들의 생활에 어떠한 문제의식을 갖지 않기 때문이다. 개인의
욕망에 만족하고 그것을 자유로 생각하며 최대한 누리는 것은 인간의
권리일지 모르나, 좀 더 발전적인 세계를 위해서 자신의 생활방식을
객관화하고 사회체제에 대한 탐구를 끊임없이 할 때 그러한 자유 또한
온전히 유지될 수 있는 것이다. 그러나 집돼지들의 생활은 자신의 욕
망에만 만족하는 왜곡된 자유의 타락한 방식을 보여줄 뿐이다. 그러므
로 집돼지들과 같이 생활하게 된 멧돼지들은 이러한 생활에 완전히 젖
어들지 못한다. 멧돼지들에겐 아직 살아가는 방식과 사회체제에 대한
비판의식이 살아있기 때문이다.

　　이쪽으로 넘어온 그 늙은 멧돼지들은 당장 잘 처먹고 편해서 좋기는
하면서도 차츰차츰 하나같이 우수에 잠기고 웬 일인지 집돼지들처럼
비곗살은 오르지 않았다. 차근차근 따져서 생각하면 이미 경화되어버
린 이념이라는 것을 붙안고 소음투성이가 되어 있는 고향이, 생각할
수록 몸서리가 쳐지기는 했지만 형용할 수 없는 회한의 감정에 사로
잡히게 되었다. 때로 여기서 넘겨다보이는 고향은 다이내믹한 생명력
의 고장으로 막연히 넘겨다보이기도 하는 것이었다. 그들은 아무리
현재에 젖어들려고 해도 완전히 젖어들 수가 없었다.
　　더욱 기묘한 일은 그 뒤 멧돼지들은 그들이 오랜 세월 살아온 이념
과는 전혀 차단되어 있던, 이 코가 뭉툭한 집돼지 사회에 먹고 싸고
자는 문제 이외의 여러가지 생각해볼 씨앗을 본의든 본의가 아니든
뿌려놓고 있었다. 집돼지들 가운데서도 차츰차츰 과연 고민하는 돼지
들이 하나 둘 불어나기 시작한 것이었다.[8]

멧돼지들은 이미 경화되어버린 이념만이 무성한 고향을 생각하면 몸
서리를 치면서도 어떤 형용할 수 없는 회한의 감정에 사로잡히게 한
다. 고향은 이미 이념으로 경화되어버린 세계이지만 뭔가 의식적인 생
활방식으로 생명력의 고장으로 넘겨다보이기 때문이다. 이는 행복의
조건이 물질적인 것으로만 채워질 수 없음을 의미한다.

멧돼지들이 가지고 있는 비판의식과 현실 세계에 대한 문제의식은
소시민 의식을 드러내는 하나의 방식일 수 있다. 멧돼지들이 품고 있
는 생각은 곧 집돼지들 사이에 전파되면서 집돼지들 사이에서도 하나
하나 자신들의 처지와 미래, 생활방식에 대한 고민을 하기 시작한다.
한명 한명이 점점 의식화되면서 그들은 다른 종류의 생활도 있을 수
있음을 깨달아가고 비교하는 법을 배우기 시작하였다. 그러나 이러한
변화는 멧돼지 사회에서도 서서히 개개인별로 일어나기 시작한다.

그들은 멧돼지는 왜 저렇게 생기고 집돼지는 왜 이렇게 생겼느냐,
집돼지는 왜 코가 뭉툭하냐, 저 둘러진 목책의 뜻은 뭐냐, 그 바깥에
는 어떤 세상이 있느냐, 꿀꿀이죽은 과연 영양이 있는 것이냐-실속
있는 삶은 과연 어떤 종류의 삶이냐, 돼지 사회 전체의 의미는 무엇이
며, 돼지라는 뜻은 과연 모든 선입견이 없다면 어떤 뜻이냐~ 어쨌든
이런 종류의 호기심은 이제까지 전혀 호기심이라고는 없이 먹고 싸고
자고, 먹고 싸고 자기만 하던 이 돼지 사회에 여러가지 호기심들을 더
욱 더 날이 갈수록 일깨워놓았다.

-그러나 날이 가고 달이 갈수록 대다수의 멧돼지들은 하나같이 차
츰차츰 야곰야곰 달라져갔다. 그리고 그 저저금 달라져가는 양태는
개개적인 국면에서는 다른 것이었으나, 큰 윤곽에서는 한 방향을 이
루고 있었다. 그리고 그 방향이란 어떤 방향인지 어느 누구도 전체적

---

8) 위의 책, 338면.

인 윤곽에서는 잡지 못하였다.─모두가 하나같이 성급하지 않고 조심
스러웠지만, 소심하지는 않았다. 서로 어긋나더라도 서로 조심스럽게
존중해주고, 쉽게 단정적으로 상대편을 규정짓는 것을 피하고, 덮어
놓고 유식 바람이 좋은 것만이 아니라는 것을 알고 있었고, 쓸모 없는
유식은 장돌뱅이 무식보다 못할 경우가 왕왕 있다는 것을 터득해갔
다.[9]

　집돼지들은 자신들의 생활방식을 문제 삼기 시작했고 그것을 고민하
고 회의하기 시작했다. 멧돼지들은 이념을 성급하게 내놓는다면 또 그
것이 관념화되고 금방 완강해져서 경화현상을 노정시킬 것에 대한 두
려움을 알기에 서서히 조심스럽게 접근하고, 다른 의견을 받아들이는
쪽으로 변모했다. 이는 하나의 이념과 가치만을 추구하는 태도에서 다
양성을 인정하고 다양한 삶의 방식을 수용하는 태도로 달라진 모습을
보인다. 집돼지들 또한 이미 뭉툭한 코가 어느 정도로 뾰족해진 듯이
보이는 잘생긴 돼지 한마리에 의해 '저저금 앓던 것을 털어놓고, 공동
으로 철저히 토의할 때가 온 것 같다며' 자신들의 문제를 토의하자고
모임을 주도하고, 다른 돼지들 또한 모여들기 시작하면서 자신들의 삶
에 문제인식을 갖고 그것을 해결하기 위해 나서게 된다.
　어느 사회이건 개개인의 의식이 얼마만큼 깨어있는가에 따라 그 사
회는 건강하게 발전할 수 있는 사회와 그렇지 않은 사회로 나아갈 수
있다. 소시민 의식은 개개인의 의식이 깨어있어 그 사회를 주도적으로
이끌어 나가는 것을 전제로 한다. 이런 맥락에서 소시민 의식은 사회
를 건강하게 끌고 갈 수 있는 핵심적인 변수로 작용할 수 있다. 이념과
권력에 경도된 지도층들은 그 사회를 일시적으로 지배할 수는 있으나

9) 위의 책, 338~341면.

근본적으로 변화시킬 수 없다. 한사람 한사람의 개인의식이 사회문제에 관심을 갖고 분명한 의식을 가질 때 그 사회는 근본적으로 변화될 수 있다. 이는 개개인의 깨어있는 의식을 전제로 한 소시민 사회가 형성될 때 진정한 자유를 누리고 보장받을 수 있는 민주주의가 형성될 수 있음을 나타낸다.

3. 경제영역 : '권위주의 국가와 전제적인 시장에 대한 균형자' 역할

'요지경' [10]은 근대화라는 외형적인 발전을 위해 강제철거를 하는 당국과 그것을 저지하는 사람들 사이에 주인공 왕은이가 어떤 의식을 갖고 그것을 저지하는 내용이 담겨있다. 근대화의 발전된 모습일 수 있는 자본주의 시장에서는 개개인의 욕망과 안락만이 추구되며, 더 큰 자본을 획득하기 위한 치열한 경쟁이 존재할 뿐이다. 그러나 왕은이는 남편을 따라 아프리카에서 부유하게 살아보며 물질적인 풍족함을 누려보았기 때문에 그것이 주는 허탈감과 허망함을 깨달았다.

왕은이네 가족은 아버지는 방수 기능공으로, 어머니는 이십 수년 동안을 영등포 시장에서 콩비지 장사를 하고있고 형제는 여섯이 있다. 왕은이는 그 중 막내로 초등학교만 근근이 나와 구로동 봉제공장에서 일을 하기 시작했다. 왕은이가 결혼하게 된 것은 1년 전 방수기능공인 아버지와 같이 일을 하게 된 미장공과 자식들 얘기를 농담처럼 주고받다가 구체적인 얘기가 오가면서 결혼하게 된 것이다. 남편은 통신기술을 가지고 있는데 결혼하고 얼마 안있어 중앙아프리카 자이레라의 현

---

10) 이호철, 〈요지경〉(1986), 《이호철 문학 선집 5》, 국학자료원, 2001.

지 대사관 통신 직원으로 급채가 되면서 남편은 먼저 가있고 얼마 안 있어 왕은이도 남편 따라 그곳으로 떠난다. 왕은이는 엄마에게 가끔 편지를 보내는데 그곳은 왕은이네 집 식모를 하기위해 미남 깜둥이 청년이 고등학교 선생을 그만두고 들어오기 위해 애를 쓴다는 등 이쪽 사람의 상식으로는 이해가 되지 않는 일이 많이 써있었다. 왕은이는 산달이 가까워 한국에 돌아왔는데 마중 나간 엄마가 딸을 알아보지 못할 정도로 비대하게 살이 쪄서 돌아왔다. 왕은이는 자신뿐만 아니라 남편도 그새 체중이 4킬로나 불었다고 투덜거린다.

"정말이라니까. 세상에 없이 편하믄 뭣 해. 돼지나 진배없는 걸. 이렇게 뚱뚱해질일밖에 없으니. 참, 수돌이네는 그냥 있지요? 그새 이사 안 갔나 모르겠네. 그전에 양말 세팅하던 집 말야. 은숙이 언니랑 유행가 불러가면서 그 일 하던 때가 그렇게 그리울 수가 없고, 참, 은숙이 언니는 그저 그 타령인가. 빨리 보고 싶다."

"그 타령이 뭐냐. 은숙이 못 본 지가 열 달이 넘었다. 너 떠나고 나선 못 보았으니까. 그런 데다 목동 쪽은 온통 난리다. 아파튼가 뭔가 들어선대서 조만간 다 헐린대. 제 집칸이나 있는 사람들은 입주권 딱지라도 한 장씩 받는다더라만, 전세 든 사람, 사글세로 사는 사람들은 온통 난리라더라."

"어머머, 그래요? 그럼 어쩌들?"

"어쩌긴, 그냥들 버틴대야. 끝판에 어찌 되든지, 갈 데도 당장은 없을 것이고. 그나저나 간에 참 사는 것도 여러 가지다. 조금 편하게 밥술깨나 먹는가 하면 금방 아랫배가 나오고 멍청해지기는 어디나 매한가진가보구나.[11]

왕은이는 외국에서 풍족한 생활을 누리며 살았지만 그것이 돼지나

진배없는 생활이라고 치부해버릴 정도로 그 생활을 혐오한다. 그러한 혐오는 자신의 몸이 비대해진 것에서 거듭 확인된다. 그러므로 왕은이는 어렵게 살더라도 은숙이 언니랑 유행가 불러가며 일을 하던 때를 그리워하기조차 한다.

은숙 언니는 형만이라는 남자와 동거를 하다가 형만이 폭력으로 8개월을 감옥에서 사는 동안 기다려온 생활을 하고 있었다. 형만이가 폭력범이 된 것은, 철공소 안에서 싸움이 벌어져 형만이 해머로 상대 머리를 때린 것이 빌미가 된 것인데, 해머를 휘두른 것은 틀림없으나 형만이대로 그럴 만한 사연을 충분히 있었음에도 재판은 형만이에게 불리하게만 돌아갔다. 형만이는 재판 내내 제 성질을 못 이겨 길길이 방방 뛰었지만 형은 그대로 집행될 뿐이었다. 재판에서 형만이의 사연 따위에 관심을 갖지 않는 것은 형만이 속한 계층이 사회적으로 소외된 계층임을 뜻한다. 그러나 형만은 출소를 한 날 아침 은숙이네 집에 왔다가 강제철거를 하는 장면을 목격하면서 그것을 앞장서서 저지하다 공무집행방해로 끌려가게 된다. 교도소에서 바로 나왔지만 형만이 입장에서는 '저간의 경위야 어찌 됐건 그로서는 두 눈이 뒤집어질 일이었고 환장할 일이었던' 것이다. 형만이 감옥에서 나온 날, 강제철거 저지로 또 경찰에 끌려간 것은 불의를 보고 참지 못하는 소시민 근성 때문이다. 그것은 자신에게 올 이해득실을 따지지 않고 행동하는 순박한 소시민의 모습이다. 형만이 불의를 참지 못하고 하는 행동은 강제철거 등으로 나타나는 거대한 국가권력을 조정하고 막아낼 수 있는 소시민 의식에 그 거점을 두고 있다. 이러한 의식이 커다랗게 모아질 때 국가권력이 갖는 과도한 영향력을 막아낼 수 있는 것이다.

왕은이 또한 물질문화가 주는 허무와 무의미를 경험했기에 봉제공장

---

11) 위의 책, 585~586면.

시절 같이 일했던 은숙을 찾아와서 강제철거 현장을 마주치면서 의식적으로 각성된 행동을 보인다. 왕은이는 철거를 저지하는데 누구보다 앞장을 선다. 왕은이는 철거저지에 나서면서 지나치게 흥분한 나머지 "난 날 잃어버렸다아. 나 내놔라. 나 내놓으란 말야. 난 그전 때 내가 더 좋단 말야. 나 내놓으란 말야. 이 썩어질 놈들아아. 죽일놈들아아." 하고 소리소리를 지르며 앞장선다. 왕은이의 행동은 뭔가에 억눌린 감정을 표출한 것이라고 할 수 있다. 그것은 먹고사는 것에 풍족함을 누려보았으나, 그 속에서 자아를 잃어버릴 정도로 그녀에게는 어떠한 정신적인 의식을 잡을만한 것이 없었던 것이다. 따라서 왕은이는 자신이 힘들게 일하면서 인간적으로 살았던 때를 더 그리워하게 된 것이다. 이러한 억눌림이 근대화 바람에 편승하여 붐처럼 일어난 강제철거 등, 전제국가의 권력에 대립하는 형식으로 표출된 것이다. 왕은은 먹고 사는 기본적인 욕구가 충족되었을 때 개인의 욕망과 안락만을 위해 사는 것은 허탈감과 무의미함만을 가져온다는 것을 깨달았다. 따라서 왕은이는 자신의 일도 아니면서 철거반대운동을 하며 잃어버린 자아를 회복하기 위해 앞장서는 것이다. 이는 근대화 바람이 주는 허구를 깨달아, 개인의 욕망을 부추기고 자아를 잃어버리게 하는 사회적 분위기를 거부하는 몸짓이라 할 수 있다. 왕은이가 풍족한 생활을 경멸하고 다시 노동을 하며 고생했던 시간을 그리워하는 것은 잃어버린 자아의식을 회복하기를 열망함을 뜻한다. 또한 이러한 자아의식은 중심을 찾으려는 소시민의식의 일단으로, 근대화와 자본주의 사회가 가져올 수 있는 자아함몰의 위기를 방지하고 진정한 자아를 회복할 수 있는 유일한 의식의 거점을 확보한다.

VII. 결 론

이호철 소설은 기본적으로 개인과 사회적 관계에 초점을 맞추고 있다. 개인의식은 사회적 이념과 체제와 깊은 연관을 지니고 있다. 사회적 체제는 인간의 의식을 조정함으로써 인간은 그 틀 안에서 그 사회가 요구하는 인간을 형성한다.

이호철 소설은 이러한 인간과 사회적 관계에 초점을 두고, 60년대 우리 사회의 근대화와 자본주의가 양산한 사회적 병폐와 타락한 인간의식을 나타내고 비판한다.

그러나 이호철 소설에 나타난 작가의식은 한국 사회가 당면한 사회적, 정치적 변화에 따라 변화된다. 그러나 사회적, 정치적 변화는 근본적으로 자본주의적 사회로 진화하고 변화되는 과정과 깊은 연관성을 지니고 있다. 따라서 이호철 소설은 사회적 체제와 자본주의적 체제에 대한 근본적인 질문과 문제인식으로 귀착된다.

먼저 자본주의 사회의 부정적인 병폐는 인간관계로 나타난다. '서울은 만원이다'에서 길녀와 남성들의 관계는 물질 앞에 인간의식은 소외되고, 돈과 성에 유린되는 모습만을 보여준다. 사회가 자본주의화 됨에 따라 사회체제가 근본적으로 타락하고 부패한 사회 모습은 개개인들에게 총체적인 어떤 큰 가능성이나 지향의식을 갖지 못하게 한다.

자본주의는 지켜야할 어떠한 규범, 믿음, 신념을 찾지 못하게 한다. 따라서 인물들의 내면은 어떠한 가치도 발견하지 못한 절망적인 세계 인식을 드러낸다.

이러한 문제의식 앞에 작가는 우리 사회에 팽배해 있는 이념의 대립이나 권력에 구속을 받지 않고, '조선 사람'이 지니고 있는 자유의식, 근대에 들어서면서 '소시민 의식'으로 변모한 한국인의 정서와 정신으로 회복하길 원한다. 또한 자유란 이념적 틀에 근거를 두고 있는 것이 아닌, 인간 본성의 이해와 깊이를 전제로 한 자유로운 현실 세계를 근거로 해서 이념적 체제와 윤리규범이 뒤따라야 함을 역설한다.

현실 세계인식은 고향의식과 소시민의식에서 거듭 확인된다.

이호철 소설의 커다란 주조를 이루고 있는 고향의식 또한 한 개인이 자신이 속한 사회에 소속되고 더 큰 세계를 지향하는 의식의 확대를 보여준다. 원칙이 빠져있는 사회는 곧 인물들의 단절을 낳는다. 따라서 주인공들은 사회적으로 소통하고 누구에겐가 의미를 찾고 싶어한다. 그러나 모든 것의 근거와 뿌리를 받쳐줄 수 있는 원칙이 없으므로 개개인은 소통하지 못하고 허망함을 느끼며 진정한 정착을 이루지 못하고 부유한 삶을 살아갈 뿐인 것이다.

소시민 의식은 자신의 편안한 안락과 행복을 추구하는 것에서 보다 인간 중심적인 것, 가치적인 것, 사회적인 문제에 관심을 갖고 움직이는 모습으로 그 의미를 확보한다. 소시민의 식은 개개인이 인간을 중심으로 한 중요한 가치를 만들었고, 각 시대는 현대에 이르기까지 인간중심의 일관된 가치로만 흘러올 수 있었음을 말한다. 따라서 소시민 의식은 풍족한 환경에서 오는 자기기만과 현대인의 냉소적인 태도를 비판함으로써 인간의 자아를 회복하고자 한다. 한 나라의 사회체제에서 소시민 의식은 정치, 경제, 사회 등의 전 영역에서 사회를 건강하게 끌고 가는 핵심적인 변수로 작용한다. 이념과 권력에 경도된 지도층들은 그 사회를 일시적으로 지배할 수는 있으나 근본적으로 변화시킬 수 없다. 한사람 한사람의 개인의식이 사회문제에 관심을 갖고 분명한 의식을 가질 때만 그 사회는 근본적으로 변화할 수 있다. 이는 개개인의 깨어있는 의식을 전제로 한 소시민 사회가 형성될 때 진정한 자유를 누리고 보장받을 수 있는 민주주의가 형성될 수 있음을 의미한다.

근대화와 자본주의 사회로의 진입은 개인의 욕망을 부추기고 자아를 상실하는 사회적 병폐를 안고 있다. 이러한 시대적 흐름 앞에 이호철은 인간의식과 사회체제의 관계를 조명하고 이에 대한 대안으로 진정한 자유의식과 사회를 변화시킬 수 있는 소시민의식을 제시한다. 자유의식과 가치 지향적인 소시민 의식은 자본주의 사회가 갖는 한계를 극복하고, 진정한 자유와 정의를 실현시키는 교두보로 작용한다.

참고 문헌

1. 연구 소설

· 이호철,《서울은 만원이다 · 보고드리옵니다》, 한국문학 대표작선
  집 18, 문학사상사, 1994.
  ,《소시민 · 살》, 한국문학대표작선집17, 문학사상사, 2005.
  ,《1970년의 죽음, 판문점 외》, 새미, 2001.
  ,《문 · 물은 흘러서 강》, 새미, 2001.
  ,《소슬한 밤의 이야기》, 청아출판사. 1998.
  ,《남녘사람 북녘사람 · 4월과 5월》, 새미, 2001.
  ,《이호철 문학 선집 5》, 국학자료원, 2001.
  ,《남풍북풍 · 外》, 중앙일보사.1993.
· 선우휘 · 이호철, 《깃발 없는 기수 · 심천도》, 한국문학전집, 삼성
  당, 1993.

2. 참고 도서

· 이호규외,《이호철 소설 연구》, 새미, 2001.

 이호철 소설에 나타난 세계의식

· 천이두외,《이호철 소설의 일반론 및 작품론》, 새미, 2001.

· 이기성, 〈1960년대 시와 근대적 주체의 두 양상-김수영, 신동엽 시를 중심으로〉,《1960년대 문학연구》, 깊은샘, 1998.

· 김유동,《아도르노 사상》, 문예출판사, 1993.

· David Mclellan, 신우현 역,《칼 마르크스의 思想》, 민음사, 1982.

· 권영민, 〈고통스런 자기변혁의 과정〉,《한국현대 작가 연구》,문학사상사, 1991.

· 구중서, 〈야성적 낭만과 통일론〉,《1960년대 문학연구》,예하, 1993.

· 김병걸, 〈현실을 보는 세 개의 시선〉,《창작과 비평사》, 1976, 9.

· 정명환, 〈실향민의 문학〉,《창작과 비평사》, 1967, 여름.

· 이보영, 〈소시민적인 일상과 증언의 문학〉,《현대문학》, 1980, 8.

· 정창범, 〈소시민의 한국적 의미〉,《세대》, 1965, 11.

· 이상갑, 〈60년대 문학과 소시민의식의 의미〉,《국어국문학 논총》, 문향사, 1996.

· 권영민, 〈고통스런 자기변혁의 과정〉,《한국현대 작가 연구》, 문학사상사, 1991.

· 강진호, 〈전후 사회의 재편과 근대화의 명암〉,《현대소설사의 근대성과 아포리아》, 소명출판.

· T.W 아도르노, 홍승용 역,《미학이론》, 문학과 지성사, 1984.

· 정명환, 〈실향민의 문학〉,《창작과 비평》, 1967년 여름호

· 구모룡, 〈비대한 풍속, 왜소한 이념-이호철의 소시민론〉,《작가 연구》, 2000, 9.

· 김흥규, 〈일상과 역사〉,《세계의 문학》, 민음사, 1976, 가을.

· 김유동 옮김, 《계몽의 변증법》, 문학과 지성사, 2001.
· 존 롤즈 지음, 황경식 옮김, 《사회정의론》, 서광사, 1985.
· F. H. Bradley, 《Ethical Studies》, 제2판, Oxford: The Clarendon Press, 1927.
· 밀턴 프리드먼, 《자본주의와 자유》, 청어람미디어, 2007.
· 에리히 프롬, 《자유에서의 도피》, 범우사, 1999.
· 에리히 프롬, 《불복종에 관하여》, 범우사, 1996.
· 양창삼, 〈포스트모던 시대의 자본주의 위상 재검토〉, 《사회이론》, 한국사회이론학회, 2006, 통권 제 30호.
· 정문길, 《소외론 연구》, 문학과 지성사, 1984.
· 김윤식, 〈성지의식(聖地意識), 체호프, 비트겐슈타인-이호철 문학의 원점〉, 《한국문학》, 2000 봄호.
· 정명환, 〈실향민의 문학〉, 《창작과비평》, 1967년 여름호.
· 강인숙, 〈이호철 소설 연구〉, 경희대 석사, 2002, 8월.
· 하정일, 〈주체성의 복원과 성찰의 서사〉, 《1960년대 문학연구》, 민족문학사연구소 현대문학분과, 깊은 샘, 1998.
· 이홍균, 《소외의 사회학》, 한울아카데미, 2004.
· 마이클 에드워즈, 《시민사회》, 동아시아, 2005.
· M. 베버, 《支配의 사회학》한길사, 1981.
· 제러미 리프킨, 《노동의 종말》, 민음사, 1996.

3. 참고 논문

· 김원철, 〈이호철 소설의 변모과정 연구〉, 서울대 석사, 1998.

· 조혜진, 〈한국 현대시의 자본주의 물신성 표출 양상 연구〉, 건국대 석사, 2005.
· 홍영용, 〈모더니티, 자본주의 그리고 사회주의〉, 서강대 석사, 2002.
· 정재원, 〈존 롤즈의 정의론에 관한 연구〉, 경남대 석사, 1999.
· 이도형, 〈근대적 보편 인권 이념 비판〉, 서강대, 2003.
· 박철우, 〈이호철 소설연구-분단상황을 제재로 한 작품중심〉, 중앙대 석사, 1989.
· 윤성원, 〈이호철 소설의 분단의식 연구〉, 성신여대 석사, 1994.
· 서선재, 〈이호철 소설의 귀향의식 연구〉, 성신여대 석사, 1997.
· 최원식, 〈1960년대의 세태소설〉, 청계연구소, 1991.
· 김옥중, 〈자본주의 경제윤리와 분배적 정의에 관한 연구〉, 단국대 경제학과 석사, 2005.
· 정현중, 〈이호철 소설의 귀향의식 연구〉, 건국대 석사, 1999.
· 장연자, 〈이호철 소설의 소시민의식 연구〉, 중앙대 석사, 1999.
· 강인숙, 〈이호철 소설 연구-고향의식의 변모양상을 중심으로〉, 경희대 석사 논문,2002, 8.
· 김정남, 〈이호철 소설 연구〉, 한양대 석사, 1997, 12.
· 오화정, 〈이호철 중기소설의 근대성 연구〉, 숙명여대 석사, 2002, 12.
· 박은태, 〈이호철의 1950년대 소설 연구〉, 수련어문논집 제 28집. 2003.
· 최예열, 〈한국전후소설에 나타난 현실인식 연구〉, 대전대 박사, 2000.
· 이호규, 〈60년대 새로운 인식의 가능성〉, 연세어문학 29, 연세대

국어국문학과. 97.

· 조명기, 〈서울은 만원이다 연구〉, 문창어문논집 제 37집. 2000.
  12.

· 김춘식, 〈소시민적 체험과 분단인식의 문학〉, 한국문학연구 제
  18, 1995, 12.

· 최영자, 〈이호철의 1960년대 단편소설에 대한 텍스트사회학적
  연구〉, 계명대석사, 1999.

· 박훈하, 〈이방인의식과 분단극복의지〉, 국어국문학 제 33권,
  1996, 12.